U0915601

广西财经学院优秀著作出版基金资助出版

中国旅游服务进出口互动机制与模式研究

叶 莉　著

中国社会科学出版社

图书在版编目(CIP)数据

中国旅游服务进出口互动机制与模式研究/叶莉著. —北京：中国社会科学出版社，2022. 3

ISBN 978-7-5227-0580-4

Ⅰ. ①中… Ⅱ. ①叶… Ⅲ. ①旅游服务—服务贸易—经济发展—研究—中国 Ⅳ. ①F592. 68

中国版本图书馆 CIP 数据核字(2022)第 133534 号

出 版 人 赵剑英
责任编辑 车文娇
特约编辑 张 硕
责任校对 周 昊
责任印制 戴 宽

出 版 中国社会科学出版社
社 址 北京鼓楼西大街甲 158 号
邮 编 100720
网 址 http://www.csspw.cn
发 行 部 010-84083685
门 市 部 010-84029450
经 销 新华书店及其他书店

印 刷 北京君升印刷有限公司
装 订 廊坊市广阳区广增装订厂
版 次 2022 年 3 月第 1 版
印 次 2022 年 3 月第 1 次印刷

开 本 710×1000 1/16
印 张 14
插 页 2
字 数 183 千字
定 价 78.00 元

前　言

我国旅游服务贸易面临着良好的发展机遇。无论是经济全球化和区域一体化趋势、积极主动的开放战略，还是经济增长方式转变和经济结构转型的现实都呼吁我国旅游服务进出口互动发展。与此同时，旅游服务贸易也遭遇严峻的挑战。作为我国服务贸易的主体，旅游服务贸易曾经连年顺差，然而自 2009 年起，旅游服务贸易在一定时期内出现逆差问题，更是令我国连年逆差的服务贸易雪上加霜，使“中国服务”的崛起显得任重道远。正因如此，思索我国旅游服务进出口互动问题，对旅游服务进出口互动机制和模式进行研究，以实现我国旅游服务进出口良性互动和提升旅游服务贸易竞争力就显得意义重大。

基于旅游服务进出口良性互动进而提升我国旅游服务贸易竞争力的目标，本书设计八章进行研究。第一章是导论。阐明研究背景，在对国内外相关研究进行综述的基础上阐释研究的意义，并进一步说明研究内容设计、研究思路和研究方法。第二章是中国旅游服务贸易的影响效应分析。以统计资料和数据为基础，描述我国出入境旅游发展的特点，归纳出入境旅游的影响因素，在此基础上用定性和定量方法分析我国旅游服务贸易的经济效应和非经济效应，进而引出旅游服务贸易发展低水平和出现逆差的现实问题。第三章是中国旅游服务贸易竞争力及其影响因素评估。重新界定旅游服务贸易竞争力内涵，构建旅游服务贸易竞争力评价指标体系，运用熵值法对我国与瑞士、德国、法国、奥地利、美国、瑞典、新加坡、马来西亚、泰国、印度尼西亚、菲律宾、越南等国的旅游服务贸易竞争力进行定量实证分析，初步找到问题的症结所在。第四章是中国旅游服务进出口互动机制分析。界定互动的内涵及特征，分析互动的意义，构建旅游服务进出口互动机制概念模型，探讨旅游服务贸易竞争力影响因素相互作用机理，结合各因素的实际影响力运用系统动力学的分析范式设计进出口互动动力机制和传导路径，构建本研究的理论框架。第五章是欧盟旅游一体化经验借鉴。从政策制度、一体化主体、基金支持、旅游联动开发等方面介绍欧盟旅游一体化的经验，以期能对我国旅游服务进出口互动模式的构建和政策的完善提供启示和借鉴。第六章是中国旅游服务进出口互动模式构建。根据文献分析方法归纳出常见的旅游合作模式，在此基础上，以旅游服务进出口互动机制为内核，明确政府和企业各自的地位和作用，在政府、产业链、产业组织、资源环境等层面展开进出口互动具体模式，找到问题解决的重要对策。第七章是中国旅游服务进出口互动政策支持体系的完善。探讨为旅游服务进出口互动模式运作提供保障的配套政策，包括出入境管理政策、旅游产业管理政策、交通通信发展政策、金融改革政策、科技发展政策、资源环境管理政策等。第八章是中国—东盟旅游服务进出口互动案例分析。以作为我国加入的第一个体制性的区域经济一体化组织中国—东盟自由贸易区为例，用定性和定量相结合方法探讨我国和东盟国家旅游业互动条件、竞争力水平、互动系统耗散结构、机制、模式和策略，丰富研究内容体系并检验研究成果的可用性。

经过系统深入研究，得出以下几个重要结果。

第一，旅游服务贸易是我国服务贸易的重要构成，具有较大的社会经济效益，但贸易逆差问题对旅游业竞争力的提高、国际贸易结构的改善、旅游服务社会经济效益的实现及我国国际竞争力的提高非常不利，应引起足够的重视。

第二，从显示性指标和分析性指标两方面重新构建旅游服务贸易竞争力指标体系，其中显示性指标指旅游业绩指标，分析性指标包括经济条件、规章制度、商业环境和基础设施、人力资源和旅游资源四项指标。该指标体系能综合反映旅游服务贸易竞争力水平，有利于国际旅游服务贸易竞争力水平的比较分析。实证研究表明，中国—东盟与欧美旅游强国相比，旅游服务贸易竞争力水平较低，依据竞争力水平不同，可把中国、新加坡、马来西亚、泰国、印度尼西亚、菲律宾、越南划分为三层级的竞争格局，其中中国和新加坡属于领先国家层级，马来西亚和泰国属于中等水平国家层级，越南、菲律宾和印度尼西亚属于后发国家层级；同时，运用信息熵值计算的旅游系统耗散结构表明，中国、新加坡、马来西亚、泰国、印度尼西亚、菲律宾、越南的旅游系统均向着有序健康方向发展，系统有序度越高，旅游综合发展实力越强，提高旅游综合发展实力的关键在于增大输入型熵流的投入，增加负熵流。根据指标权重的计算可知，影响中国与东盟诸国旅游服务贸易竞争力和旅游系统耗散结构的影响因素不一而同。

第三，旅游服务进出口互动系统是一个囊括竞合系统、旅游贸易国家政府互动系统、旅游企业互动系统、国际旅游者互动系统、旅游引力系统五个子系统的相互依托、相互影响和协同发展的具有稳定结构和功能的综合系统，在各种因素影响下，形成互动机制，包括正反馈互动机制和负反馈互动机制。

第四，从旅游服务进出口互动主体考虑，包括政府主体旅游企业参与和政府引导旅游企业主体两种互动模式，在当前及未来相当长时期内，我国旅游服务进出口互动模式，包括中国—东盟旅游服务进出口互动模式，应以政府主导旅游企业参与互动模式为主。根据中国与他国旅游服务贸易联系程度还可进一步把旅游互动模式划分为高依存度互动模式、中依存度互动模式和低依存度互动模式。在中国—东盟旅游互动中，中国与新加坡、泰国、马来西亚、越南、印度尼西亚的旅游互动属于高依存度互动模式，与文莱、菲律宾、缅甸、柬埔寨、老挝的互动属于中依存度互动模式。从互动区域范围看，当前中国—东盟旅游互动包括双边互动模式、次区域互动模式和“10＋1”互动模式三种模式。从地理空间关系看，当前中国—东盟旅游互动主要包括点—轴发展模式、单核辐射模式和双核联动模式。

第五，我国旅游服务进出口互动发展应得到政府全面的政策支持，实施的各种政策和策略应同时包含一国旅游产业提升的内部政策和国家间旅游互动的外部政策，包括出入境管理政策、旅游产业管理政策、交通通信发展政策、金融改革政策、科技发展政策、资源环境管理政策等。

第六，可从提高对外开放程度、建立旅游互动决策协调机构、创造互联互通条件、加大营销推广活动、加强文化交流、提高服务质量水平、多渠道筹集资金、加强互动各国旅游系统建设、关注安全问题和警惕旅游殖民问题等方面为中国—东盟旅游服务进出口互动提供策略保障。

目　录

第一章　导论

第一节　研究背景

一　对外开放的需要

当今时代，经济全球化和区域一体化是发展的现实和趋势，任何国家（地区）难以孤立存在和发展，和他国（地区）存在千丝万缕的联系是不可避免的。2001 年，我国加入世界贸易组织（WTO），积极参与全球经济分工体系，对外贸易获得极大发展，进出口总额大幅度提升，成为世界重要的贸易进出口国家。在经济全球化和区域一体化背景下，实施对外开放是我国的基本国策。党的十八大报告提出："全面提高开放型经济水平。适应经济全球化新形势，必须实行更加积极主动的开放战略，完善互利共赢、多元平衡、安全高效的开放型经济体系。要加快转变对外经济发展方式，推动开放朝着优化结构、拓展深度、提高效益方向转变。创新开放模式，促进沿海内陆沿边开放优势互补，形成引领国际经济合作和竞争的开放区域，培育带动区域发展的开放高地。"① 党的十九大报告进一步提出要推动形成全面

---

① 《坚定不移沿着中国特色社会主义道路前进　为全面建成小康社会而奋斗——在中国共产党第十八次全国代表大会上的报告》，人民出版社 2012 年版，第 24 页。

开放新格局，拓展对外贸易。我国旅游业是最早对外开放的产业部门，是我国对外贸易的重要组成部分，自2007年12月11日起，我国旅游业全面开放意味着我国旅游业将全方位参与国际旅游服务进出口贸易互动，是我国全面对外贸易的先导性产业。我国旅游服务进出口实现良性互动将对我国其他产业进出口互动产生示范效应，是经济全球化、区域一体化趋势和我国对外开放的必然要求。

二 “中国服务”战略的要求

2010年在北京召开的“中国服务”发展论坛提出以“中国服务”作为国家的新品牌和新战略，指出旅游业是最有可能、最有条件成为“中国服务”战略核心和先导的产业。我国的对外贸易由货物贸易和服务贸易构成，长期以来，服务贸易规模相对较小、国际市场占有率低，持续逆差、知识化程度和附加值低，总体竞争力弱，旅游服务进出口额一直占服务贸易总额的2/3左右，其贸易顺差曾有力弥补了其他服务贸易的逆差。然而，从2009年起，我国旅游服务进出口首次出现逆差，此后在一定年份内持续出现逆差，更加剧了我国服务贸易逆差的困境，“中国服务”的崛起任重道远。党的十八大报告提出：“坚持出口和进口并重，强化贸易政策和产业政策协调，形成以技术、品牌、质量、服务为核心的出口竞争新优势，促进加工贸易转型升级，发展服务贸易，推动对外贸易平衡发展。”① 党的十九大报告指出要扩大服务业对外开放。因此，大力发展旅游服务贸易，提升旅游服务出口水平，解决旅游服务进出口逆差的现实问题，是“中国服务”崛

① 《坚定不移沿着中国特色社会主义道路前进　为全面建成小康社会而奋斗——在中国共产党第十八次全国代表大会上的报告》，人民出版社2012年版，第19页。

起的迫切要求。

三　经济转型的契机

长期以来，我国粗放式的经济增长方式导致了经济增长与资源消耗、环境污染的尖锐矛盾，严重阻碍了经济可持续发展。我国对经济增长方式转变、经济结构转型的紧迫性和重要性的认识不断提高，已从停留于对资源耗费、环境污染等表面现象的批判过渡到对现代服务业的发展的重视。党的十八大报告指出："推进经济结构战略性调整。这是加快转变经济发展方式的主攻方向。""加快传统产业转型升级，推动服务业特别是现代服务业发展壮大。"[①] 经济增长方式的转变和经济结构的转型为我国旅游服务进出口提供了发展的契机，旅游业是现代服务业的重要组成部分，旅游服务贸易竞争力的提高被视为产业结构调整和贸易结构优化的重要突破口。

四　中国—东盟旅游互动的示范效应

近年来，世界旅游的关注点开始从西方向东方转移，尤其亚太旅游的迅猛发展逐渐受到关注（张广瑞，2006）。随着2010年1月中国—东盟自由贸易区（CAFTA）的建成，中国和东盟的旅游更加引人注目。中国—东盟自由贸易区涵盖11个国家，是现今世界人口最多的自贸区，也是发展中国家间最大的自贸区，成为继欧盟（European Union）、北美自由贸易区（NAFTA）后世界上第三个区域经济合作区。党的十八大报告提出："统筹双边、多边、区域次区域开放合作，加快实施自由贸易区战略，推动同周边国家互

① 《坚定不移沿着中国特色社会主义道路前进　为全面建成小康社会而奋斗——在中国共产党第十八次全国代表大会上的报告》，人民出版社2012年版，第22页。

联互通。”① 因此，在中国—东盟自由贸易区框架下，发展中国与东盟旅游服务进出口互动符合我国发展战略要求，是我国旅游服务进出口互动的典型，能为国际旅游服务进出口互动提供示范效应。

第二节 研究综述

一 国外研究进展

国外的相关研究主要集中在区域旅游竞争合作研究和区域旅游竞争力研究两方面。

（一）区域旅游竞争合作研究

关于旅游地之间互动的直接研究较少，更主要的是对互动的显性表现形式（合作和竞争）进行研究。Sauermann（1956）较早对旅游竞争与合作问题进行了研究。区域旅游合作竞争是交织影响的错综复杂的发展状态，Twan 和 Benett（2000）对澳大利亚北昆士兰热带地区旅游企业争夺客源的竞争以及对目的地营销和环境保护领域的合作进行调查，得出结论：竞争性区域之间的跨区域竞争会促使区域内部各部门间的联合行为。Greer（2002）的研究表明，如果旅游合作中一方的发展强于另一方，势必形成弱势方处于强势方阴影之下的局面，尤其是客源集中流向强势区域，从而造成利益失衡，进而影响区域旅游合作。

在经济全球化和区域一体化的背景下，相比于竞争，合作才是主题，区域旅游合作遂成为研究的热点。区域旅游合作具有重要的意义，区域之间之所以进行旅游合作，是因为参与方认为通过合

① 《坚定不移沿着中国特色社会主义道路前进 为全面建成小康社会而奋斗——在中国共产党第十八次全国代表大会上的报告》，人民出版社 2012 年版，第 24 页。

作，可以集聚经验、知识、资金及其他资源，能够制定相关的普遍接受的政策并使得政策顺利实施，最终各参与主体均能从合作中获得竞争优势（Araujo & Bramwen，2002）。Sonmez 和 Apostolopoulos（2000）以塞浦路斯为例，论证了旅游合作对于缓和地区冲突的意义。Lemmetyinen 等（2010）认为，合作是旅游目的地网络管理中的主要手段之一。Ahn 等（2002）认为可持续发展是旅游合作的目的和方向。Beritelli（2011）认为，旅游目的地的各种合作行为是可持续发展的重要条件，对欧洲一旅游地进行研究的结果表明，组合通信变量的基于联系基础的项目对合作行为有显著的积极影响。为了应对各种挑战和提升竞争力，旅游可持续发展应包括旅游企业、旅游目的地以及国家、区域、地方各级政府的合作（Angelkova et al.，2012）。一般而言，区域旅游合作主体主要包括政府、私人企业、非政府组织和当地居民，尤其是政府在跨国旅游合作中的作用更加重要（Sexena，2005；Jackson，2006）。影响区域旅游合作的因素包括经济、社会文化、人口统计特征、法律、政治和空间因素，这些影响因素可归为外生变量和内生变量，其中有些影响因素对区域旅游合作起到阻碍作用（Czemek，2013）。旅游合作的形式是多方面的，Selin 和 Beason（1991）认为旅游组织应和其他行业组织实现跨组织合作。Holder（1992）论证了旅游公共部门和私营部门的合作，认为公私合作最大的困难点在于分析问题、明确共同利益以及共同实施。Šavrina 等（2008）认为，旅游业的合作是一个动态的过程，存在着正式或非正式、横向或纵向、集权或分权等多种合作方式形态，各旅游经济体选择竞争还是合作取决于它们对各种利益的评估。Selin 和 Beason（1991）对组织间在旅游的合作进行研究，以美国阿肯色州国家森林为例，对所在区域的林务局、商会、旅游协会的合作关系进行研究，结果表明，这些组织缺乏合作，多曼协定（Domain Consensus）、独立性和地理邻近性是考察组织合作关系的主要因素。

众多学者对国际区域旅游合作进行了研究。Teye（1988）对非洲撒哈拉旅游合作进行研究，挖掘制约旅游合作的关键因素，认为该区域在具体旅游项目的合作是有限的，建议非洲旅游合作可借鉴加勒比合作模式。Holder（1992）认为，加勒比区域的旅游合作非常需要公有部门和私营部门进行合作。Chirathivat（1996）认为冷战结束后东盟和印度的贸易关系处于低水平状态，他分析了东盟和印度旅游合作的趋势和前景，并提出了如何促进双方旅游合作的建议。Muhammad 等（1997）认为，尽管新加坡旅游业发展面临来自近邻国家马来西亚的激烈竞争挑战，但相比竞争，合作更有助于两国的旅游业发展。Ghimire（2001）以东盟、南部非洲发展组织以及南美洲合作组织为例，认为区域旅游推进区域经济发展，但地区发展不平衡的存在，使得规划、投资、人力培训等的成本和收益在合作成员之间的不合理分配加大了贫富差距，东盟、南部非洲、南美洲地缘接近、相似的历史生态特征、经济发展水平、社会经济结构、文化特征和人口构成是促进区域旅游合作的利好因素，但总体缺乏合作的信息沟通。Anastasiadou 和 Sausmarez（2006）以东南亚国家和欧盟的合作组织为例，发现建立国家间合作组织是实现跨国旅游合作的主要推力。

（二）区域旅游竞争力研究

区域旅游合作的一个主要目的在于提升区域旅游竞争力，因此，区域旅游竞争力也是一个研究热点，研究主要集中在以下两个方面。其一，区域旅游竞争力的构成要素和影响因素。Crouch 和 Richie 构建了旅游目的地竞争力概念性模型 Crouch-Ritchie 模型，该模型包括核心资源和吸引物、辅助性资源和设施、目的地政策规划和开发、目的地管理、限制性和放大性因素五大因素，Dwyer 和 Kim（2003）以 Crouch-Ritchie 模型为基础，提出了包括资源、目的地管理、环境条件和需求四大要素的 Dwyer-Kim 模型。Vodeb（2012）认为，旅游目的地对全球一体化的强烈意识是旅游目的地竞争优势的关键组成部分，旅游业满足旅游者的需要和增加旅游者的福利是可持续竞争力概念的组成部分。在竞争力影响因素中，旅游市场需求是逻辑起点，是重要的影响因素。多种因素会对旅游需求产生影响，如政治事件、收入、产品相对价格、旅游目的地营销开支、体育赛事等因素均影响旅游需求（Eadington & Redman，1991），其中产品相对价格主要指交通、饭店和生活方面的费用（Cracolici & Nijkamp，2009）。其二，区域旅游竞争力的测度和比较。Croitoru（2011）运用世界经济论坛（WEF）制定的旅游竞争力指数（TCI 指数）比较了罗马尼亚和保加利亚的旅游竞争力。Yasin 等（2011）运用偏离—份额法比较摩洛哥、土耳其、突尼斯和埃及的旅游竞争力，结果表明摩洛哥的旅游竞争力落后于其他三国，主要原因在于摩洛哥旅游市场缺乏增长的潜力。

二 国内研究进展

国际旅游是指一个国家的居民跨越国界，到其他国家或地区开展旅游活动，其中包括出境旅游和入境旅游（李天元，2006）。入境旅游相当于国际贸易中的出口，而出境旅游则相当于进口。在经济全球化和区域合作一体化背景下，作为服务贸易的重要组成部分，国际旅游在世界经济领域越发引人注目，因此，这里将主要以旅游服务贸易（旅游服务进出口）指代国际旅游进行相关文献综述。旅游业是一种以资源为基础的劳动密集型服务行业，加上相对于技术、知识和资本密集型服务行业而言，旅游业对资金和设备的需求弹性较大，容易启动，国际旅游服务成了发展中国家为数不多可以输出的服务项目之一（杨森林，1993）。作为发展中国家的重要一员，我国的旅游发展以入境旅游率先起步，经过数年发展，旅游服务贸易是我国服务贸易中发展规模最大、出口规模最大、服务贸易出超最多的项目（张凌云，2007）。基于此行业发展背景，我国旅游服务贸易领域的研究历来是热点。笔者以“旅游服务贸易”“国际旅游”“入境旅游”“出境旅游”“国际旅游竞争力”“国际旅游合作”等为主题在中国知识资源总库（CNKI）进行搜索，相关研究文献数量颇丰，故本节对我国该领域的研究进行文献梳理分析，总结研究成果并提出研究展望，以期能对相关研究提供参考及启示。

（一）旅游服务贸易效应研究

旅游服务贸易出口（即入境旅游）在赚取国家外汇、解决就业、促进经济发展等方面具有显著经济效应，国内学者主要运用定量分析法测算分析出入境旅游的经济效应。吴忠才（2007）构建的协整模型表明入境旅游发展对经济增长拉动效应较为显著。黎洁等（2009）认为，旅游经济效应的定量分析，不仅需要分析旅游最终需求变化对相关产业的作用，还要分析这种变化对居民消费与企业生产、产品市场、劳动力等要素市场的影响等；通过对入境旅游需求变化对江苏省地区经济产生的影响进行定量分析，发现入境游客消费增长对地区生产总值和社会福利增长均有正向影响。张明东等（2010）借助锡尔（Theil）熵指数和 Granger 因果关系检验模型分析入境游对山东省的经济影响，得出“经济基础欠发达的内陆地带的入境旅游对经济增长和第三产业增长具有显著的刺激效应”的结论。

入境旅游的经济效应也可从国家历年大力扶持入境旅游发展的政策窥见其在促进国民经济发展中所具有的重要意义，且已成为我国各方共识。而关于出境旅游高速增长引起的经济问题，各方意见不一。1997 年《中国公民自费出国管理暂行办法》正式实施，促使我国出境旅游市场迅猛发展，戴学锋（2005）对出境游高速增长表现出忧虑并提出质疑，认为出境游变花汇游，将使我国国际旅游业产生巨大非贸易逆差，应对出境游实施有效干预。其于 2006 年发表的论文《中国出境旅游高速增长的负面影响探析》认为我国的出境旅游的超常发展已超出“适度”范围，导致入境市场、国内市场和出境市场不平衡发展，并带来外汇流出、内需漏出等负面影响，应通过开征出境旅游消费税对出境旅游进行调节；同时，将出境游超常规发展的原因归结为我国个人财富差异悬殊和公费旅游等经济体制问题。该文的发表成为国内引发出境游经济效应激烈讨论的导火线，引起诸位学者的辩驳。杨军（2006）发文与戴学锋进行商榷，认为出境旅游高增长符合经济发展规律，是我国现阶段宏观经济发展的必然结果，是三大市场平衡发展的需要，具有“补涨”性质；出境旅游高消费存在“虚高”现象，克服外汇漏损的最好办法是通过增加创汇来谋求国际收支的动态平衡；出境旅游发展为我国旅游业跨国经营创造了有利条件，而跨国经营是克服出境旅游不经济性的最佳途径。马波和寇敏（2006）认为，出入境旅游具有互动效应，通过分析，认为出境旅游发展会改变国际旅游收支关系，但是，由于顺差巨大，即使出现旅游赤字，也不一定对宏观经济产生负面作用；而出境旅游发展会带来中国入境旅游增长，促进旅游企业的跨国经营，改善旅游产业组织结构，有利于提升中国旅游产业的整体素质，当前，政府无须对出境旅游加以直接规制。张凌云等（2007）基于国家发展战略角度从保障公民基本权利、推动“和平外交”战略、缓解人民币升值压力、平衡国际收支、建设世界旅游强国等方面论证我国出境旅游发展战略的必要性和可行性。张广瑞（2005）对基本概念、统计数据、计算方法等几个关于制定我国出境旅游政策相关的基础依据进行分析，对出境旅游热进行冷静思考，认为国民在境外的消费虽带来“外汇漏出”，但这种漏出是正常合理的，是不可避免的，因此，中国出境旅游在发展初期的高速发展属正常。雷平和施祖麟（2008）通过运用截面回归与面板数据模型对出境旅游的合理性进行定量分析，得出“即使有一天我国真正进入出境旅游的高速增长期，由于出境旅游大国效应的存在，出境旅游也不会像有的学者担心那样成为国民经济和外汇溢出的漏斗，而将是有限的增长过程”的结论。

旅游服务贸易的经济效应显而易见，并受到广泛关注。当然，也有学者注意到国际旅游尤其出境旅游的非经济效应。发展中国家对出境旅游的评估必然会优先考虑其经济影响，但是，如果忽略了其在社会进步、改善国际关系方面的功能，相关政策的制定就有可能急功近利，走入歧途（马波和寇敏，2006）。由于旅游消费具有异地性特征，旅游者进行国际旅游除了给旅游目的地国家注入外汇外，更会因为人员流动带来旅游者与旅游目的地国家各方面的接触，形成旅游服务贸易的非经济效应。国内有学者从社会学角度对非经济效应予以一定程度的关注。刘敏（2009）通过对出境旅游者和专家焦点小组的访谈，分析出境旅游对旅游者、旅游输出国和旅游目的地在社会文化方面的积极影响，得出文化因素是出境旅游的主要动机之一，出境旅游过程加强了文化的自我认同和文明之间的对话等结论。王素洁等（2005）基于社会学的消费主义理论对中国公民出境旅游的高消费行为进行剖析，认为中国公民境外消费是一种炫耀性旅游消费，会对中国旅游发展产生不良影响，因此，应抵制炫耀性旅游消费。在旅游服务贸易非经济效应研究中，出国旅游者的不文明行为现象引起热议，鲍洪安（1996）在出境旅游发展初期即关注出境旅游者素质问题。针对出境游不文明行为的普遍化和严重化倾向，刘丽莉（2007）、齐善鸿等（2009）分别从文化和行为学角度进行剖析，并提出了相应的不文明行为管理和改进策略。郭鲁芳和张素（2008）探讨了文明行为和国家软实力的相关性，认为不文明旅游行为频现势必会损害我国的国际形象和国家软实力，同时对吸引国际游客、进一步拓展国际旅游市场也造成负面影响。

（二）旅游服务贸易影响因素研究

在旅游服务贸易的影响因素研究方面，侧重于对入境旅游的影响因素分析。黄秀娟（2006）总结出影响福建省入境旅游市场的主要因素包括：客源国或地区的经济收入状况、客源国或地区与福建省的地缘关系、其他省区的旅游供给发展状况。生延超（2006）假设在排除距离影响的前提下，国外居民跨国旅游需求支付能力是影响中国入境旅游服务贸易的重要因素。郭为（2007）认为，影响中国入境旅游的主要因素包括经济发展水平、绝对距离、地理与文化上的差异性（共同性）、是否属于同一个贸易区、国家之间是否免签证等方面，构建引力模型定量实证发现绝对距离和经济发展水平对入境人数影响最大。赵东喜（2008）基于1997—2006年我国大陆31个省（市、自治区）的面板数据，运用固定影响变截距模型实证研究了决定省际入境旅游发展状况（收入与市场）的因素，包括旅游资源条件、基础设施水平、服务设施水平、突发事件。王跃伟等（2009）构建入境旅游驱动机制模型，并确定六大驱动因子为经济、社会、旅游吸引物、设施、教育和环境。邓祖涛和尹贻梅（2009）认为，旅游资源、区位对入境旅游收入产生重要影响。叶莉和陈修谦（2020）意识到雾霾对我国入境旅游的影响并进行了实证研究。尽管归纳的视角不尽一致，从已有文献中仍可看出，客源地或目的地的经济发展水平、旅游资源条件、两国联系便利性等是入境游的主要影响因素，与此同时，影响入境旅游的因素越来越多样化和复杂化。

在入境旅游的研究中，也有学者注意到了具有短暂性质的事件对入境旅游的影响，保继刚等（2009）分析作为重大事件的北京奥运会对非举办地桂林阳朔入境旅游的影响，认为北京奥运会对以阳朔为例的非举办城市的促进作用不在奥运前和中期，甚至也不在奥运结束后的短时期内，而只能从长远角度考虑其影响。王铮等（2010）根据1978—2008年上海市入境旅游接待人次数的统计数据构建上海市入境旅游需求的自回归分布滞后模型，分析1979年石油价格危机、1997年亚洲金融风暴、2003年SARS和2008年国际金融危机等重大事件对上海入境旅游需求的影响。桂文林和韩兆洲（2010）用TRAMO/SEATS季节调整模型，对2003年SARS这一危机事件造成中国入境旅游外汇收入的损失进行评估，结果显示，2003年SARS共造成中国入境旅游外汇收入损失31.519亿美元，以往研究低估了损失。

（三）旅游服务贸易竞争力研究

近年来，旅游市场竞争越来越激烈，获得客源的边际成本在递增，如何提高区域旅游竞争力成为广泛关注的论题（汪德根，2004）。已有文献主要基于旅游服务贸易出口（入境旅游）角度将旅游服务贸易作为一个整体的变量加以考量，在以下两方面展开研究。

一方面，分析影响旅游服务贸易竞争力提升的主要因素。黎洁和赵西萍（1999）套用波特国家钻石模型，把影响国际旅游竞争力的因素概括为旅游生产要素状况、国内旅游需求、旅游相关及辅助产业的状况、旅游企业的战略、结构和竞争、机遇和政府行为六个方面。黄秀娟和黄福才（2007）从系统角度把旅游国际竞争力的重要影响因素分为旅游产业因素、旅游环境因素、目的地与客源地的联系因素三个部分，其中，旅游产业因素指旅游产业能够控制的因素，主要包括旅游资源、旅游服务设施和旅游企业管理能力，是构成区域旅游竞争力的核心资源与要素；环境因素指旅游产业不能控制的因素，主要包括基础设施、自然环境、相关产业发展、经济环境；区域与客源地的联系因素主要包括区位和可进入性。万绪才等

（2010）从国际游客出游决策视角归纳出国际旅游竞争力的直接影响因素包括旅游地的旅游吸引物、文化背景、旅游配套设施与服务、语言、安全、物价水平以及与客源地距离、交通，间接因素包括经济水平、管理水平、人力资源、旅游政策、科技和旅游资源，通过问卷调查进行实证分析发现旅游吸引物是最重要的直接影响因素。郭明英（2019）在分析我国旅游服务贸易出口市场占有率和显性比较优势大小的基础上，实证出影响我国旅游服务贸易出口的因素包括进出口双方的人均 GDP、自由贸易协定、我国相对贸易自由度以及地理距离。熊珍琴等（2019）认为，旅游产品品质、环境安全、服务水平、人民币汇率、政策支持等因素是造成中美两国旅游服务贸易客源消长差异的主要原因。

另一方面，构建测度旅游服务贸易竞争力指标体系并从国家、省域、地市等不同地域范围尺度测算竞争力。黎洁和赵西萍早在 1999 年就提出应建立一个国际旅游竞争力多相测度指标体系，评价指标包括：国际旅游收入与接待人数指标、国际旅游市场占有率、国际旅游产品销售结构与旅游组织形式、国际旅游者人均消费、国际旅游者平均停留天数、国际旅游收入构成比例等，并建议在指标体系构建中，为了体现可持续国际旅游竞争力思想，可考虑设立环境保护指标，如每接待一位国际旅游者的能源消耗量、大气污染量等。黄秀娟和黄福才（2007）认为竞争力水平是竞争业绩的体现，选择入境旅游人数、入境外国人人数、人均入境旅游人数、旅游外汇收入、人均旅游外汇收入、旅游外汇收入相当于 GDP 的比率测度旅游竞争力。在国际竞争力比较方面，主要运用贸易学中的比较优势指数、出口市场占有率指数、显示性比较优势指数等竞争力指标从国家、省域和地市层面对我国和国内省份及重点地市的国际旅游竞争力进行测度比较（赵书华和李辉，2005；董小麟和庞小霞，2007；葛丽芳和田纪鹏，2011）。朱应皋和万绪才（2004）构建以旅游资源与产品条件、社会经济条件、其他条件以及国际旅游业绩为基本层次的旅游业国际竞争力评价指标体系，运用定量评价法对全球旅游11强旅游业国际竞争力进行综合评价。汪德根（2004）以国际旅游经济实力、国际旅游资金实力、国际旅游吸引力、国际旅游企业经营状况、国际旅游交通状况和国际旅游技术人才六方面构成的国际旅游竞争力评价指标体系对我国各省份的国际旅游竞争力进行了比较研究。经过分析可看出以上研究对国际竞争力的测度主要立足于“国际竞争力等同于国际旅游业绩”的假设构建竞争力指标体系，而郭鲁芳于更早的2000年就提出“旅游业国际竞争力不等同于国际旅游业绩，旅游业国际竞争力应具有多相测度，应从目前的旅游竞争实力、旅游竞争潜力和未来旅游竞争的发展力三角度测度”的观点，并对目前的旅游竞争实力（即目前的旅游竞争业绩）、旅游竞争潜力和未来旅游竞争的发展力三个角度提供了更细的测度指标。

（四）旅游服务贸易市场研究

在以市场需求为导向的时代背景下，关于旅游服务贸易市场的研究正方兴未艾，学者围绕入境旅游和出境旅游两个市场展开研究。

旅游需求规模的大小是旅游目的地获取经济效益的直接基础，而建立科学的可操作的旅游预测模型是实现旅游业持续健康稳定发展的理论基石和前提（吴江华等，2002）。因此，为提升国际旅游竞争力水平而基于数理统计方法构建各种需求模型定量预测客源市场需求量成为旅游服务贸易市场研究的核心内容。吴江华等（2002）以日本对香港的国际旅游需求为例，运用人工神经网络法对国际入境旅游需求进行定量分析，同时和滑动平均、多项回归、指数模型等几种常用模型进行比较，表明神经网络模型模拟效果最好，用神经网络模型进行国际入境旅游需求的仿真模拟是可行且也是比较科学的。杨春宇（2009）引入旅游目的地游客量变化的速度和加速度两个旅游学参量，结合旅游地生命周期理论构建了基于不同参量状态的旅游目的地客源市场预测模型及其测量公式，以中国入境游客量为例进行了实证研究，结果表明模型与实际拟合较好。

为应对日趋激烈的竞争态势，学者对入境市场竞争的研究从三方面展开。一是孙根年和冯茂娥（2003）从市场营销学角度切入，以市场占有率和增长率的双指标组合，构建了一个综合反映旅游市场竞争和发展格局的市场竞争态模型，将旅游市场划分为"明星""金牛""幼童"和"瘦狗"四种市场类型，为区域旅游业发展战略的制定提供了一种新的市场分析方法，并基于此模型对我国西部12个省区入境旅游市场竞争态势进行定量分析，得出入境市场占有率和资源丰度以及区位呈显著直线相关关系的结论。王力峰（2004）、汪德林（2006）在分析桂林、苏州入境旅游市场时则指出，亲景度的差异是导致客源市场竞争态差异的主要原因之一，形成"瘦狗""幼童"市场的原因并非地缘、区域等因素，而是客源市场亲景度过低。二是基于消费者行为理论以问卷调查方式对客源市场满意度进行实证研究。马秋芳等（2006）通过对西安欧美游客进行问卷调查，基于期望差异模型、花费—收获模型、服务绩效模型和标准模型对游客满意度测度和评价，认为总体上欧美游客对西安比较满意，并运用合图法（Co-Plot）分析西安欧美游客的期望和实际感知特征。陈楠等（2008）选取禅宗少林音乐大典为研究对象，实证研究了入境游客对传统文化旅游产品的评价（传统性、教育性和魅力性评价）与整体满意度、推荐意识、再观赏意识之间的关系。三是对入境旅游流的研究。马耀峰及其学术团队进行了大量研究并取得丰硕成果。马耀峰和李永军（2001）对中国入境旅游流的空间分布进行研究，把全国旅游流划分为五大基本旅游流区：华北旅游流区、华东旅游流区、华南旅游流区、西南旅游流区和西北旅游流区。之后，马耀峰及其团队基于旅游地理学视角，运用多种地理定量分析法全方位、多层次、广角度研究我国入境旅游流的空间分布、流向、旅游流转移扩散规律等问题，得出“中国入境旅游客流分布重心近十年来大致位于豫、皖两省交界处，中国入境旅游外汇收入重心近十年来大致位于皖、鄂两省交界处，两类重心分布呈现空间错位的现象，且两类重心均呈现出东移南下的变迁之势”（李创新等，2010）、“各区域在发展入境旅游时，都应该争取更多二手客源市场”（魏颖等，2010）等结论。此外，还有学者从入境旅游客源结构（周彩屏，2008）和入境旅游消费结构（贾英，2008）等方面进行研究。

出境旅游市场偏重于对出境游客进行实证调查。北京第二外国语学院课题组以问卷调查方式对中国公民出境消费特征、消费评价以及主客关系进行了实证分析①②。丁健和李林芳（2004）对广州市居民进行了抽样调查，在出境游时间变化、出游目的、出游组织方式和目的地选择行为等方面探讨了广州市居民的出境旅游行为特征。除了对现实客源市场出境旅游行为进行分析外，胡青芳和许春晓（2009）研究了潜在市场的出境游意向，以长沙市居民为例，对不同收入阶层对出境旅游需求意向的影响进行了实证研究。

（五）国际旅游合作研究

入境游和出境游作为旅游服务贸易的两翼，意味着在旅游服务贸易过程中，贸易各方互为客源国和目的地国家，因此，需要入境和出境互动才能发挥其显著效应，这向国际旅游合作提出了时代现实要求。目前，国内学者对分省份或区域的旅游竞合给予较高关注，从区域旅游竞合的动因、演化特征、空间形态、动力机制等方

---

① 《中国公民出境旅游消费评价及主客关系分析》，《北京第二外国语学院学报》2003年第1期。

② 《中国公民出境旅游消费特征分析》，《北京第二外国语学院学报》2002年第6期。

面进行了研究，而关于国际旅游合作的直接研究成果则很少，已有成果多从宏观层面论证我国大陆与港澳台地区及周边邻近国家进行旅游合作的意义、战略及政策措施。李天元（2007）指出，中国大陆、香港、澳门、台湾进行旅游营销合作，应从对共同客源市场（尤其指以欧美为典型代表的远程旅游客源市场）进行营销合作和彼此互为客源市场进行营销合作两层面展开。李志刚和寇小萱（2008）从入境旅游相关指标对中国和印度入境旅游进行比较，认为两国存在一定程度的激烈竞争，但各种因素也促进了两国旅游合作与交流。罗明义（2008）在分析中国与南亚国家旅游合作条件和优势基础上，提出了构建中国—南亚旅游圈的战略构想。自“一带一路”倡议提出以来，越来越多学者关注沿线国家的国际区域旅游合作，如张广宇（2015）认为丝绸之路经济带沿线国家旅游合作的内容包括旅游基础设施建设、智慧旅游平台开发、旅游产品设计与市场营销、便利化旅游政策制定等；林炜铃和邹永广（2016）对“一带一路”沿线旅游合作空间格局与合作机制进行了研究。

中国—东盟自由贸易区是我国参加的第一个体制性区域经济一体化组织，在旅游服务贸易上具有改革先行先试的优势，2009 年首届“中国东盟旅游论坛”提出了无障碍国际区域旅游便利化的设想，众多研究也对中国—东盟旅游合作加以关注。罗明义（2004）提出了旅游服务贸易是中国—东盟自由贸易区建设的先导的观点。赖富强和刘庆（2004）则提出了建立中国—东盟无国界旅游圈的构想。罗明义（2004）、赖富强和刘庆（2004）、何莉环和杨清震（2008）从区位、社会文化、旅游资源、市场、经济等条件分析中国和东盟具有旅游合作的优势和必要性。基于中国与东盟旅游互动的视角，姚梦汝等（2018）对中国—东盟旅游流网络结构特征与中心轨迹演变进行研究；程成等（2020）对中国—东盟旅游流的空间分布格局、空间密度特征以及空间迁移规律进行实证研究。刘庆（2019）

通过出口市场占有率指数、TC 指数、RCA 指数、MI 指数测算出中国与东盟旅游服务贸易竞争力水平，进而提出了促进中国与东盟旅游合作的对策建议。

三 简要述评和研究展望

（一）简要述评

国外对区域旅游竞争合作和区域旅游竞争力进行了较为全面的研究，为我国旅游服务贸易互动和旅游服务贸易竞争力研究奠定了理论基础并提供了经验借鉴。旅游服务贸易囊括了旅游三大市场中的入境和出境旅游两个市场，宽领域为研究提供了多维度视角。经由文献归纳分析，可总结出我国旅游服务贸易研究具有以下几个显著特点：一是研究内容多样化，主要聚焦于旅游服务贸易效应、影响因素、国际竞争力、市场及国际旅游合作等方面并取得丰硕成果，为我国旅游服务贸易发展提供了深厚的理论基础和丰富的实践价值；二是旅游学跨学科、边缘性的学科性质使旅游服务贸易的研究具有极强的理论接纳性，管理学、经济学、国际贸易、市场营销、消费者行为理论、地理学、心理学、社会学等多学科广泛渗透于旅游服务贸易研究中，拓展了旅游服务贸易的理论成果；三是定性研究和定量研究相结合，呈现出定量研究升温趋势，在旅游服务贸易经济效应、影响因素、国际竞争力及市场等方面，主要基于一定的官方统计调查数据，使用多种统计分析软件和数理分析进行定量研究。

（二）研究展望

通过对旅游服务贸易主要研究内容的全面剖析，从其不足中可窥见未来研究方向的端倪。

在研究内容方面，关于旅游服务贸易的效应研究，当前研究注重旅游服务贸易经济效应的衡量和评价，对其非经济效应关注不够，还应加强对旅游服务贸易非经济效应的考量，才足以全面评价我国旅游服务贸易的现状和问题，全面衡量旅游服务贸易的价值所在。

旅游服务贸易竞争力的提升既是获取旅游业可持续社会经济效益之关键，也是发展旅游服务贸易的直接目标，国内学者根据研究对象的尺度，从全国总体、省域及重点地市层面都论及旅游服务贸易竞争力的比较和提升，对竞争力的影响因素和指标体系构建的研究还在不断丰富和完善，但经验分析和理论归纳存在差异，不仅源于对竞争力认识的不一致，更是缺乏全面科学的理论归纳和实证检验所致。同时，旅游服务贸易竞争力测度的指标体系不应只包括市场占有率和经济竞争优势等旅游业绩要素，还应涵盖非经济竞争力要素，如何构建涵括经济指标和非经济指标在内的竞争力指标体系值得进一步深入挖掘。

入境游和出境游作为旅游服务贸易的两翼，缺一不可，但国内学者更多的是静态地对单个市场进行研究，缺乏两个市场的互动研究，仅强调进口或出口不利于旅游业健康发展及其正常社会经济效益的发挥，只有两个市场良性互动，方可有效发挥旅游服务贸易效应并从国家层面提升我国国际旅游竞争力水平，因此，如何有效结合两个市场的研究将是未来研究的重点。中国—东盟自由贸易区是我国参加的第一个体制性区域经济一体化组织，在旅游服务贸易上具有改革先行先试的优势，未来应对中国和东盟的国际旅游合作进而双方的旅游服务良性互动予以更多关注。

在研究方法方面，理论研究既要借鉴相关学科的成熟理论阐释旅游服务贸易问题，同时，也应对旅游服务贸易进行学科理论凝练，以指导我国旅游服务贸易实践的发展。

旅游服务贸易研究注重定量研究，在已有国内研究中，由于官方入境旅游数据相对出境旅游数据要丰富健全，故入境游的定量分析成果丰富，而出境游则显出薄弱之态。旅游服务贸易两个市场均衡发展的态势呼吁对两个市场的研究也应同步均衡发展，如何建立健全出境旅游数据并使两个市场的统计数据更全面和细化成为旅游服务贸易统计工作的重点。除了运用宏观层面的官方统计数据外，也应予以重视从微观层次的旅游企业和客源市场等方面挖掘的一手调研数据。

第三节　研究意义与主要内容

一　研究意义

旅游服务贸易效应、竞争力、竞合互动等方面的国内外研究成果并不鲜见，但关注旅游服务贸易经济与非经济效应，从国家战略层面对旅游服务贸易竞争力重新认识，进而以旅游服务进出口互动获取可持续旅游社会经济效益的研究正待开展。从更高的战略目标出发，绕开以专注于产业组织为基点的竞争力研究范式，更贴近全球化和我国社会经济结构转型的时代背景，设计旅游服务贸易的良性互动机制与模式，有利于丰富旅游学理论体系，具有较重要的学术意义。

我国对经济增长方式转变、经济结构转型紧迫性和重要性的认识不断提高，已从停留于对资源耗费、环境污染等表面现象的批判过渡到重视现代服务业的发展，旅游服务贸易竞争力的提高被视为产业结构调整和贸易结构优化的重要突破口；“中国服务”崛起战略的实现依托于我国服务贸易竞争力水平的提升，而改变我国服务贸易持续逆差现状的重要引擎在于优化我国旅游服务进出口结构；全球化纵深发展，旅游服务贸易对世界各国文化交流推进与和平关系维护日益重要，文化影响力也构成国家竞争力的重要内容。基于以上时代背景和国家发展战略的要求，研究旅游服务进出口互动机制与模式，具有很强的时效性和紧迫性。

二　主要研究内容

本书旨在探索我国旅游服务进出口互动的有效机制与模式，为提高旅游服务贸易国际竞争力、优化我国对外贸易结构提供思路借鉴。本书研究内容安排如下。

第一章，导论。本章阐明研究背景，在对国内外相关研究文献进行述评的基础上阐释研究的意义，同时说明研究内容设计、研究思路和研究方法。

第二章，中国旅游服务贸易的影响效应分析。用定性和定量方法分析我国旅游服务贸易的经济效应和非经济效应，结合全球化背景和国家经济增长方式转变及产业结构调整的迫切要求分析研究的意义，并以旅游服务贸易发展的低水平引出问题。

第三章，中国旅游服务贸易竞争力及其影响因素评估。重新界定旅游服务贸易竞争力的内涵，构建旅游服务贸易竞争力评价指标体系，依据竞争力理论模型细分其影响因素，并对我国经验数据进行评估，初步找到问题的症结所在。

第四章，中国旅游服务进出口互动机制分析。以旅游服务进出口互动为提高我国旅游服务贸易竞争力的基本路径，界定互动的内涵及其目标原则，探讨旅游服务贸易竞争力影响因素相互作用机理，结合各因素的实际影响力设计进出口互动动力机制和传导路径，构建本书研究的理论框架。

第五章，欧盟旅游一体化经验借鉴。从政策制度、一体化主体、基金支持、旅游联动开发等方面介绍欧盟旅游一体化经验，以期对我国旅游服务进出口互动模式构建和政策完善提供启示和借鉴。

第六章，中国旅游服务进出口互动模式构建。以旅游服务进出口互动机制为内核，构建明确政府和市场各自地位和作用，在政府、产业链、产业组织、资源环境等层面展开竞争与合作的进出口互动具体模式，找到问题解决的重要对策。

第七章，中国旅游服务进出口互动政策支持体系的完善。探讨为旅游服务进出口互动模式运作提供保障的配套政策，包括出入境管理政策、旅游产业管理政策、交通通信发展政策、金融改革政策、科技发展政策、资源环境管理政策等。

第八章，中国—东盟旅游服务进出口互动案例分析。以我国加入的第一个体制性的区域经济一体化组织——中国—东盟自由贸易区为例，探讨我国和东盟国家旅游业竞合发展、进出口互动的具体背景、机制、模式和策略，丰富研究内容体系并检验研究成果的可用性。

第四节　研究思路与研究方法

一　研究思路

按照提出问题、分析问题、解决问题和成果检验的逻辑步骤展开研究，如图 1－1 所示。

首先，提出问题。旅游服务贸易具有重大的社会经济效益，但近年旅游服务贸易发展的缓慢及其影响效应不足凸显了对我国国际贸易结构改善及国际竞争力提升的制约，这个问题亟待解决。

其次，分析问题。旅游服务贸易竞争力具有丰富的内涵（含非经济竞争力），且受多重因素的影响，构建评价指标体系并进行客观评估，找到实际的影响因素及其影响力，找到问题解决的突破口。

再次，解决问题。以旅游服务进出口互动为解决问题的基本路径，通过界定互动的内涵、目标原则，推演旅游贸易竞争力影响因素的作用机理与路径构建研究的理论框架；通过找寻各影响因素促成进出口互动的实现方式，明确政府和市场各自地位和作用，构建在政府、产业链、产业组织、资源环境等层面展开竞争与合作的进出口互动具体模式及政策支持体系，找到解决问题的重要对策。

最后，成果检验。尝试探讨我国和东盟国家的旅游服务进出口互动机制、模式，检验成果可用性。

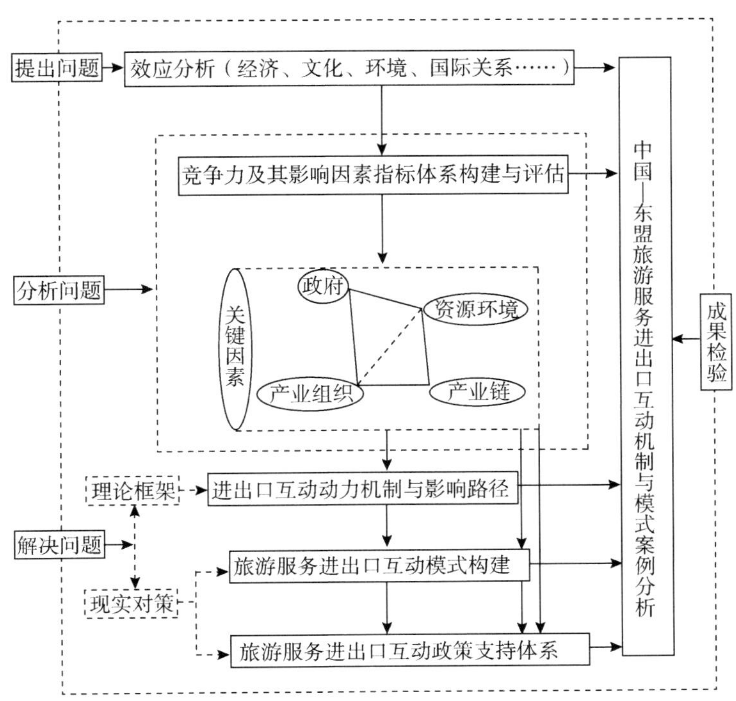

图 1－1 研究思路

二　研究方法

本书主要运用以下三种研究方法。

（一）实证分析法

本方法主要应用于“我国旅游服务贸易的影响效应分析”和“我国旅游服务贸易竞争力及其影响因素评估”，即根据文献一般描述提出假设，再利用数理统计方法或综合评价方法对旅游服务贸易影响效应、旅游服务贸易的竞争力状况及其影响因素的存在性进行实证检验。

（二）规范研究法

本方法主要应用于“我国旅游服务进出口互动机制设计”“我国旅游服务进出口互动模式构建”和“我国旅游服务进出口互动的政策支持体系”，试图在实证研究的基础上，结合相关的理论给出我国旅游服务进出口互动的有效机制、模式和政策支持，形成本书研究的核心成果。

（三）案例分析法

选取中国—东盟自由贸易区这一具有制度优势和现实基础的区域经济一体化典型地区，分析我国和东盟国家旅游业竞合发展及进出口互动的机制模式，实现研究成果的应用检验。

第二章　中国旅游服务贸易的影响效应分析

第一节　中国出入境旅游发展的特点

一　入境旅游发展特点

（一）发展迅速

1978 年，在改革开放的同时，中国也拉开了旅游业发展的序幕。从旅游业起步伊始，在创汇导向下，我国旅游业在相当长时间内呈现出了以入境旅游为主的发展格局。1978 年，我国入境旅游规模仅为 180.92 万人次，2018 年增长到 14119.83 万人次，入境旅游发展迅速。从图 2－1 可见，1978—2018 年，除了 1989 年、2003 年和 2009 年等特殊年份，入境旅游业保持持续增长的态势。由人数增长率看，入境旅游由初期的快速增长转变为当前增速放缓的态势。

入境旅游人数增长带来的是创汇目标的实现，如图 2－2 所示，除个别特殊年份外，我国旅游外汇收入也逐年增加，保持较高的增长率，呈现出平缓增速的特征。

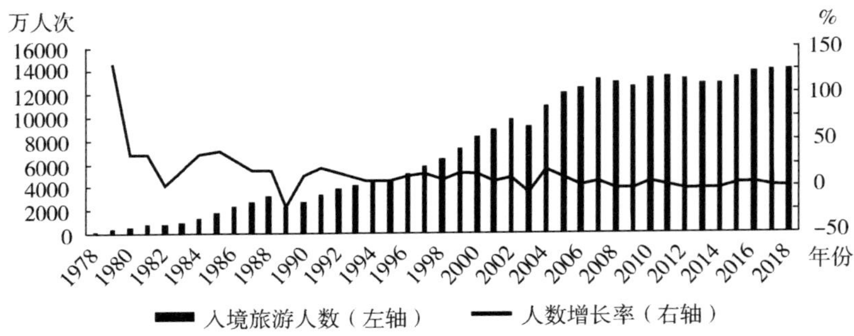

图 2-1 我国入境旅游人数（1978—2018 年）

资料来源：《中国文化和旅游统计年鉴》（2019）。

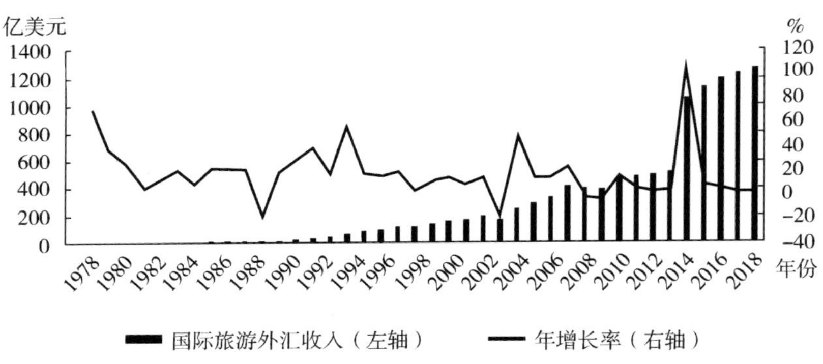

图 2-2 我国国际旅游外汇收入（1978—2018 年）

资料来源：《中国文化和旅游统计年鉴》（2019）。

（二）人均消费偏低

如图 2-3 所示，2000 年，入境旅游者人均每天消费为 136.85 美元，逐步增长到 2017 年的 208 美元，人均每天消费为 179.36 美元。总体而言，2000—2017 年，入境旅游者在我国的人均每天消费保持较为稳定的水平，以中国广袤的旅游空间面积看，人均消费偏低。

（三）客源地来源多元化，主要集中在周边国家（地区）和欧美国家

随着中国旅游在国际社会上吸引力的日益增强以及中国与众多

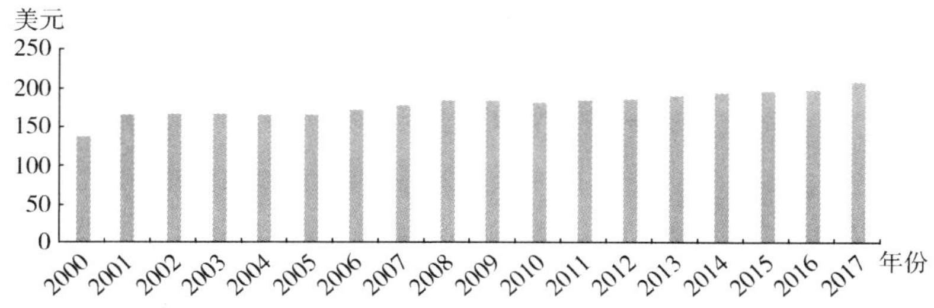

图 2－3　入境旅游者人均每天消费

资料来源：《中国旅游统计年鉴》（2001—2018 年）。

国家友好关系的建立，入境旅游的客源地来源更加多元化。从历年入境旅游人数和占比考量，中国港澳台地区的入境旅游人数占 80% 左右，是入境旅游的主体，是中国境内最主要的客源地，尤其香港入境人数更是遥遥领先（见图 2－4）。在历年主要客源国入境旅游人数排名中（见表 2－1），2005—2012 年，韩国、日本、俄罗斯、美国、马来西亚稳居我国入境旅游客源国的前五名，而 2013 年越南反超马来西亚居第五名；在前 16 名排名中，周边国家占了绝大多数（韩国、日本、俄罗斯、马来西亚、新加坡、越南、菲律宾、蒙古国、泰国、印度、印度尼西亚），其他国家包括欧美地区的美国、加拿大、德国和英国以及大洋洲的澳大利亚。在入境旅游市场客源地空间分布上，呈现客源地来源空间范围广、主要聚集在周边国家（地区）和欧美国家的特征。

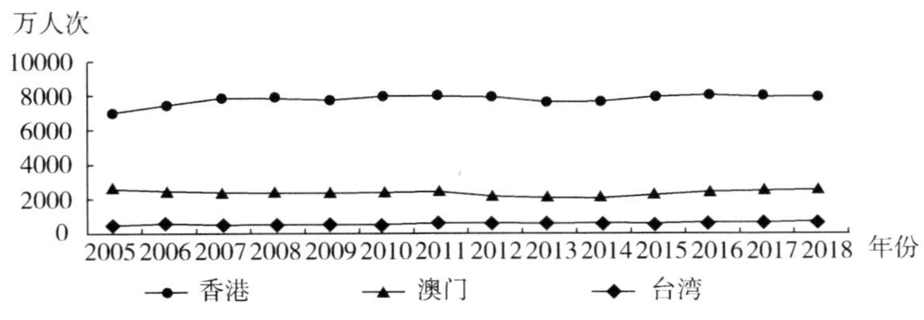

图 2－4　我国港澳台入境旅游者人数（2005—2018 年）

资料来源：旅游部门统计信息（2005—2018 年）。

表 2-1　我国主要客源国入境旅游人数排名（2005—2017 年）

排名	2005 年	2006 年	2007 年	2008 年	2009 年	2010 年	2011 年
1	韩国	韩国	韩国	韩国	韩国	韩国	韩国
2	日本	日本	日本	日本	日本	日本	日本
3	俄罗斯	俄罗斯	俄罗斯	俄罗斯	俄罗斯	俄罗斯	俄罗斯
4	美国	美国	美国	美国	美国	美国	美国
5	马来西亚	马来西亚	马来西亚	马来西亚	马来西亚	马来西亚	马来西亚
6	新加坡	新加坡	新加坡	新加坡	新加坡	新加坡	新加坡
7	菲律宾	菲律宾	越南	菲律宾	越南	越南	越南
8	蒙古国	蒙古国	菲律宾	蒙古国	菲律宾	菲律宾	蒙古国
9	泰国	泰国	蒙古国	澳大利亚	蒙古国	蒙古国	菲律宾
10	英国	英国	加拿大	泰国	加拿大	加拿大	加拿大
11	澳大利亚	澳大利亚	澳大利亚	英国	澳大利亚	澳大利亚	澳大利亚
12	德国	德国	泰国	加拿大	泰国	泰国	德国
13	加拿大	加拿大	德国	德国	德国	德国	印度尼西亚
14	印度尼西亚	印度尼西亚	英国	印度	英国	英国	泰国
15	法国	印度	印度尼西亚	法国	印度尼西亚	印度尼西亚	印度
16	印度	法国	印度	印度尼西亚	印度	印度	英国
排名	2012 年	2013 年	2014 年	2015 年	2016 年	2017 年	
1	韩国	韩国	韩国	韩国	韩国	缅甸	
2	日本	日本	日本	日本	越南	越南	
3	俄罗斯	俄罗斯	美国	越南	日本	韩国	
4	美国	美国	俄罗斯	美国	缅甸	日本	
5	马来西亚	越南	越南	俄罗斯	美国	俄罗斯	
6	越南	马来西亚	马来西亚	马来西亚	俄罗斯	美国	
7	新加坡	蒙古国	蒙古国	蒙古国	蒙古国	蒙古国	
8	蒙古国	菲律宾	新加坡	菲律宾	马来西亚	马来西亚	
9	菲律宾	新加坡	菲律宾	新加坡	菲律宾	菲律宾	
10	澳大利亚	澳大利亚	印度	印度	新加坡	新加坡	
11	加拿大	加拿大	澳大利亚	加拿大	印度	印度	
12	德国	印度	加拿大	泰国	泰国	加拿大	
13	泰国	泰国	德国	澳大利亚	加拿大	泰国	

续表

排名	2012 年	2013 年	2014 年	2015 年	2016 年	2017 年	
14	印度尼西亚	德国	泰国	德国	澳大利亚	澳大利亚	
15	英国	英国	英国	英国	印度尼西亚	印度尼西亚	
16	印度	印度尼西亚	印度尼西亚	印度尼西亚	德国	德国	

资料来源：《中国旅游统计年鉴》（2006—2018 年）。

二　出境旅游发展特点

（一）规模庞大，增长迅速

相较于入境旅游，中国出境旅游起步较晚，1997 年《中国公民自费出国管理暂行办法》正式实施，促使我国出境旅游市场形成并由此获得迅猛发展（见图 2－5）。1998 年，我国出境旅游为 842.56 万人次；2011 年为 7025 万人次，一跃成为世界第一大客源国；2014 年，出境旅游规模首次突破亿人次；2018 年出境旅游规模为 14971.84 万人次，比 1998 年增长了约 16 倍。从出境人数年增长率看，出境规模保持着高增长率，年均增长率在 16% 左右。由此可见，我国出境旅游规模大，增长迅速。规模庞大的出境旅游市场使我国成为越来越多热点旅游目的地国家（地区）的主要客源国。

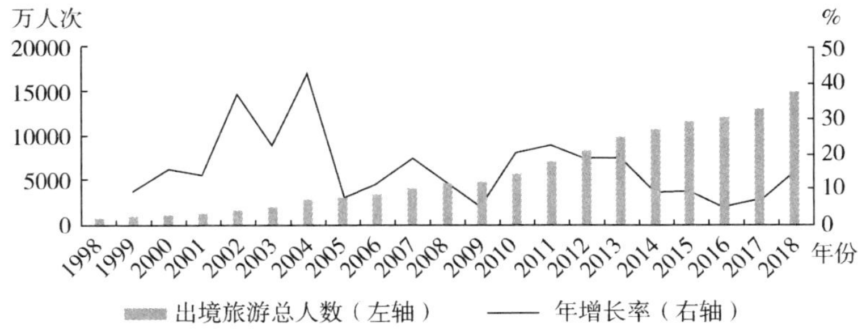

图 2－5　我国居民出境旅游总人数（1998—2018 年）

资料来源：《中国文化文物和旅游统计年鉴》（2019）。

（二）目的地国家（地区）多元化

我国公民出境旅游以近程目的地为主，出境中国港澳台地区为我国公民的主要选择。对我国2005—2017年公民出境旅游首站目的地国家进行分析（见表2－2），排名前13名的主要是周边国家，如日本、越南、韩国、俄罗斯、新加坡、泰国、马来西亚、菲律宾、柬埔寨、缅甸等，此外还包括美国、澳大利亚、新西兰、加拿大、英国、意大利等跨洲远距离国家。我国已开放的中国公民出境旅游目的地国（地区）涵盖了全世界绝大多数国家（地区），中国旅游研究院和携程旅游大数据联合实验室发布的《2018年中国游客出境游大数据报告》显示，2018年，我国公民预定携程跟团游、自由行、定制游、邮轮等产品，到达全球157个旅游目的地国家。

表2－2　我国公民出境旅游首站目的地国家（2005—2017年）

排名	2005年	2006年	2007年	2008年	2009年	2010年
1	日本	日本	日本	日本	日本	日本
2	越南	韩国	韩国	越南	韩国	韩国
3	韩国	泰国	越南	韩国	越南	越南
4	俄罗斯	俄罗斯	美国	俄罗斯	美国	美国
5	泰国	美国	马来西亚	美国	马来西亚	马来西亚
6	美国	新加坡	泰国	新加坡	泰国	泰国
7	新加坡	越南	新加坡	泰国	新加坡	新加坡
8	马来西亚	马来西亚	俄罗斯	马来西亚	俄罗斯	俄罗斯
9	菲律宾	菲律宾	澳大利亚	菲律宾	澳大利亚	澳大利亚
10	澳大利亚	澳大利亚	印度尼西亚	澳大利亚	印度尼西亚	印度尼西亚
11	新西兰	新西兰	柬埔寨	新西兰	柬埔寨	柬埔寨
12	柬埔寨	柬埔寨	英国	柬埔寨	英国	英国
13	缅甸	缅甸	加拿大	缅甸	加拿大	加拿大

续表

排名	2011 年	2012 年	2013 年	2015 年	2016 年	2017 年
1	韩国	韩国	韩国	泰国	泰国	泰国
2	马来西亚	泰国	泰国	韩国	韩国	日本
3	日本	日本	美国	日本	日本	越南
4	泰国	柬埔寨	日本	越南	越南	韩国
5	美国	美国	越南	美国	美国	美国
6	柬埔寨	马来西亚	柬埔寨	新加坡	新加坡	马来西亚
7	越南	越南	马来西亚	俄罗斯	马来西亚	新加坡
8	新加坡	新加坡	新加坡	澳大利亚	俄罗斯	印度尼西亚
9	印度尼西亚	俄罗斯	几内亚比绍	印度尼西亚	印度尼西亚	俄罗斯
10	缅甸	澳大利亚	俄罗斯	马来西亚	澳大利亚	澳大利亚
11	菲律宾	印度尼西亚	印度尼西亚		柬埔寨	
12	老挝	缅甸	澳大利亚		加拿大	
13	俄罗斯	意大利	缅甸			

资料来源：2005—2013 年数据来源于历年《中国旅游业统计公报》，由于《中国旅游业统计公报》缺少 2014 年出境旅游首站目的地国家数据，故表中无该年数据。2015—2017 年数据来源于中国旅游研究院历年《中国出境旅游发展年度报告》。

（三）消费水平高

我国拥有庞大的旅游消费群体，近年来出境旅游迅猛发展引人注目，而更令人侧目的则是我国旅游者出境旅游时表现出来的高消费水平特征。我国旅行外汇支出从 1998 年起即呈现出高速增长的态势，消费支出规模庞大，且保持较高的增长率。1998 年我国旅行外汇支出为 92 亿美元，2018 年增长为 2773 亿美元，增长了 29 倍多（见图 2 -6），成为世界第一大出境旅游消费国。世界旅游城市联合会香山峰会发布的《中国公民出境（城市）旅游消费市场调查报告》显示：中国旅游者境外人均花费近 2 万元人民币，其中，2% 的出境旅游者日均花费超过 5 万元人民币；我国内地旅游者在境外旅游中消费的项目额度由高到低依次为购物、交通、其他、住宿、餐饮、娱乐、景点门票；在购物项目中，购买奢侈品是主要消费支出，中国奢侈品市场研究机构品质研究院发布的《中国奢侈品报告》显示，2011 年中国消费者境外奢侈品消费总额为 500 亿美元，2013 年，这一数字被改写为 740 亿美元，远高于本土消费 280 亿美元[①]。毫无疑问，中国出境旅游者的购买力已跃居世界第一位。

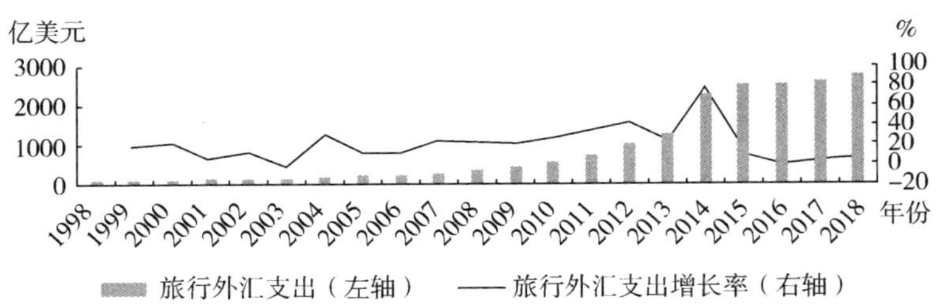

图 2-6 我国旅行外汇支出（1998—2018 年）

资料来源：国家外汇管理局。其中，旅行支出主要构成包括购物、留学、医疗、住宿、餐饮等，因此，该数值大于实际的旅游外汇支出。

第二节 中国出入境旅游发展的影响因素

一 经济基础

改革开放以来，我国以经济建设为中心，经济连年高速发展，雄厚的经济基础是出入境旅游发展的物质前提（见图 2-7）。

一方面，发展旅游业，旅游资源的开发，景区景点的建设，酒店、交通等基础设施的配套，环境的优化以及公共设施的投入等，均需要国家强有力资金的支持，我国连年高速发展的经济为入境旅游发展提供坚实的物质投入。

---

① 尹婕：《中国出境游客成全球大买家 消费全球近半奢侈品》，http：//news. southcn. com/china/content/2014-09/16/content_108545603. htm，2014 年 9 月。

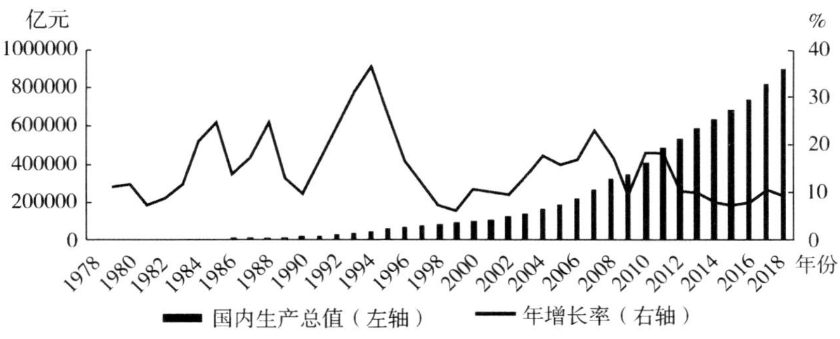

图 2－7　我国国内生产总值（1978—2018 年）

资料来源：《中国统计年鉴》（2019 年）。

另一方面，随着国家经济实力的增强，国民收入水平亦逐年提高，可自由支配收入的增加为旅游的实现提供了现实基础，由图 2－8 可知，从收入水平来看，当前城镇居民是我国出游的行为主体。根据国际旅游发展经验，当一国（地区）人均 GDP 达到 300 美元时，将会产生大量的国内旅游；人均 GDP 达到 1000 美元时，近程国际旅游产生；人均 GDP 达到 3000 美元时，将会诱发洲际旅游。如图 2－9 所示，我国 2008 年的人均 GDP 为 24250 元，按照该年人民币兑美元汇率计算，已超过 3000 美元，根据国际旅游市场发展的经验数据，2008 年我国已经达到进行长途国际旅游的水平，且我国人均 GDP 一直保持着较高水平的增长，我国的经济发展足以支撑大规模出境旅游的发展。

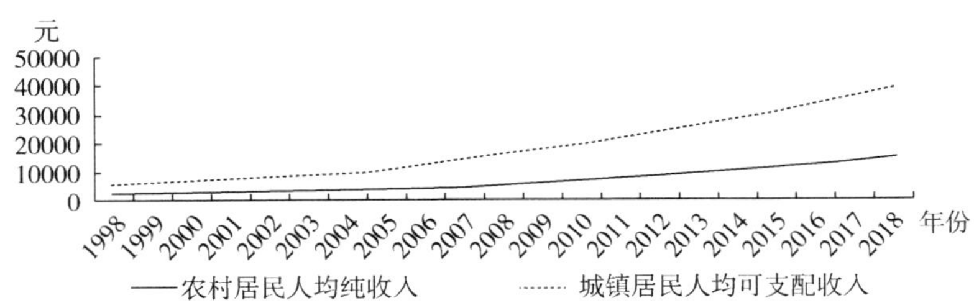

图 2－8　我国城乡居民年收入（1998—2018 年）

资料来源：《中国统计年鉴》（1999—2018 年）。

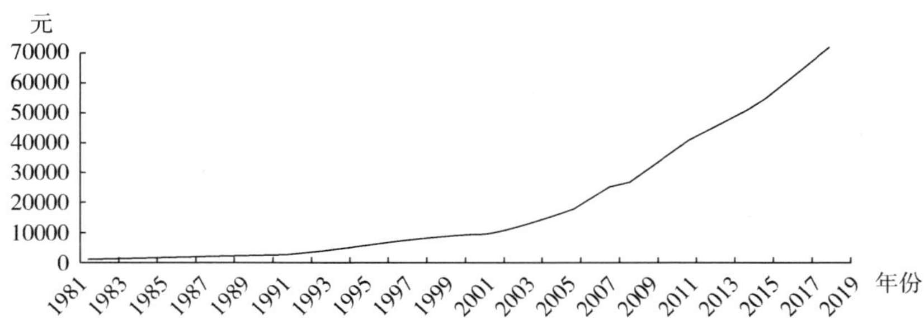

图 2-9 我国人均国内生产总值（1981—2018 年）

资料来源：《中国统计年鉴》（2019 年）。

二 旅游资源

旅游资源是实现旅游活动的核心吸引物和基础，旅游资源的吸引力越强，越容易诱发旅游活动。我国地大物博，广袤的国土孕育了丰富的自然旅游资源，悠久的历史积淀了深厚的人文旅游资源，类型多样化的旅游资源成为我国入境旅游常年稳健发展的直接动因（见表 2-3）。与此同时，境外的异域自然风光和人文习俗也成了出境旅游井喷发展的诱因。

表 2-3 我国各省市自治区 5A 景区分布 单位：个

省市自治区	数量	景区名称
北京	8	八达岭—慕田峪长城旅游区、颐和园、天坛公园、故宫博物院、明十三陵景区、奥林匹克公园、恭王府景区、圆明园景区
天津	2	盘山风景名胜区、古文化街旅游区（津门故里）
河北	11	保定市安新白洋淀景区、唐山市清东陵景区、承德市避暑山庄及周围寺庙景区、保定市野三坡景区、保定市清西陵景区、保定市白石山景区、承德市金山岭长城景区、石家庄市西柏坡景区、邯郸市广府古城景区、秦皇岛市山海关景区、邯郸市娲皇宫景区

续表

省市自治区	数量	景区名称
山西	9	大同市云冈石窟、晋城市皇城相府生态文化旅游区、临汾市云丘山景区、临汾市洪洞大槐树寻根祭祖园景区、忻州市雁门关景区、长治市壶关太行山大峡谷八泉峡景区、忻州市五台山风景名胜区、晋中市介休绵山景区、晋中市平遥古城景区
内蒙古	6	满洲里市中俄边境旅游区、赤峰市阿斯哈图石阵旅游区、阿尔山·柴河旅游景区、阿拉善盟胡杨林旅游区、鄂尔多斯市成吉思汗陵旅游区、鄂尔多斯市响沙湾旅游景区
辽宁	6	大连市老虎滩海洋公园—老虎滩极地馆、本溪市本溪水洞景区、沈阳市植物园、大连市金石滩景区、盘锦市红海滩风景廊道景区、鞍山市千山景区
吉林	7	通化市高句丽文物古迹旅游景区、长春市世界雕塑公园旅游景区、长春市净月潭景区、敦化市六鼎山文化旅游区、长春市伪满皇宫博物馆、长春市长影世纪城旅游区、长白山景区
黑龙江	6	伊春市汤旺河林海奇石景区、哈尔滨市太阳岛景区、漠河市北极村旅游区、牡丹江市镜泊湖景区、虎林市虎头旅游景区、黑河市五大连池景区
上海	3	上海野生动物园、东方明珠广播电视塔、上海科技馆
江苏	25	中央电视台无锡影视基地三国水浒景区、南京市夫子庙—秦淮风光带景区、南京市钟山风景名胜区—中山陵园风景区、南通市濠河景区、周恩来故里旅游景区、大丰中华麋鹿园景区、常州市天目湖景区、常州市环球恐龙城休闲旅游区、扬州市瘦西湖风景区、无锡市灵山景区、无锡市鼋头渚景区、姜堰市溱湖旅游景区、宿迁市洪泽湖湿地景区、常州市中国春秋淹城旅游区、徐州市云龙湖景区、无锡市惠山古镇景区、连云港花果山景区、苏州园林（拙政园、虎丘山、留园）、苏州市同里古镇景区、苏州市吴中太湖旅游区、苏州市周庄古镇景区、苏州市沙家浜—虞山尚湖旅游区、苏州市金鸡湖景区、镇江市金山—焦山—北固山旅游景区、镇江市句容茅山景区
浙江	19	台州市天台山景区、台州市神仙居景区、嘉兴市桐乡乌镇古镇旅游区、宁波市奉化溪口—滕头旅游景区、杭州市千岛湖风景名胜区、杭州市西湖风景名胜区、丽水市缙云仙都景区、嘉兴市南湖旅游区、嘉兴市西塘古镇旅游景区、宁波市天一阁·月湖景区、杭州市西溪湿地旅游区、温州市刘伯温故里景区、绍兴市鲁迅故里沈园景区、衢州市江郎山·廿八都景区、温州市雁荡山风景名胜区、湖州市南浔古镇景区、衢州市开化根宫佛国文化旅游景区、金华市东阳横店影视城景区、舟山市普陀山风景名胜区

续表

省市自治区	数量	景区名称
安徽	12	安庆市天柱山风景区、六安市天堂寨旅游景区、合肥市三河古镇景区、六安市万佛湖景区、宣城市绩溪龙川景区、芜湖市方特旅游区、马鞍山市长江采石矶文化生态旅游区、黄山市皖南古村落—西递宏村、池州市九华山风景区、阜阳市颍上八里河景区、黄山市黄山风景区、黄山市古徽州文化旅游区
福建	10	南平市武夷山风景名胜区、土楼（永定·南靖）旅游景区、厦门市鼓浪屿风景名胜区、宁德市白水洋—鸳鸯溪旅游区、宁德市福鼎太姥山旅游区、泉州市清源山景区、福州市三坊七巷景区、三明市泰宁风景旅游区、莆田市湄洲岛妈祖文化旅游区、龙岩市古田旅游区
江西	13	上饶市婺源江湾景区、吉安市井冈山风景旅游区、宜春市明月山旅游区、景德镇古窑民俗博览区、上饶市三清山旅游景区、上饶市龟峰景区、九江市庐山西海景区、南昌市滕王阁旅游区、庐山风景名胜区、抚州市大觉山景区、萍乡市武功山景区、鹰潭市龙虎山旅游景区、瑞金市共和国摇篮旅游区
山东	13	威海市刘公岛景区、烟台市龙口南山景区、东营市黄河口生态旅游区、临沂市萤火虫水洞·地下大峡谷旅游区、威海市华夏城旅游景区、沂蒙山旅游区、潍坊市青州古城旅游区、青岛市崂山景区、枣庄市台儿庄古城景区、泰安市泰山景区、济南市天下第一泉景区、济宁市曲阜明故城（三孔）旅游区、烟台市蓬莱阁旅游区（三仙山—八仙过海）
河南	14	南阳市西峡伏牛山老界岭·恐龙遗址园旅游区、安阳市殷墟景区、开封市清明上河园、洛阳市白云山景区、平顶山市尧山—中原大佛景区、新乡市八里沟景区、永城市芒砀山旅游景区、洛阳市栾川老君山·鸡冠洞旅游区、红旗渠·太行大峡谷、洛阳市龙潭大峡谷景区、焦作市云台山—神农山·青天河景区、洛阳市龙门石窟景区、登封市嵩山少林景区、驻马店市嵖岈山旅游景区
湖北	13	宜昌市三峡大坝—屈原故里旅游区、宜昌市长阳清江画廊景区、恩施州恩施大峡谷景区、武汉市东湖景区、武汉市黄陂木兰文化生态旅游区、武汉市黄鹤楼公园、十堰市武当山风景区、咸宁市三国赤壁古战场景区、宜昌市三峡人家风景区、恩施州神龙溪纤夫文化旅游区、恩施州腾龙洞景区、神农架旅游区、襄阳市古隆中景区

续表

省市自治区	数量	景区名称
湖南	10	张家界市武陵源—天门山旅游区、岳阳市岳阳楼—君山岛景区、常德市桃花源景区、株洲市炎帝陵景区、湘潭市韶山旅游区、邵阳市崀山景区、长沙市岳麓山·橘子洲旅游区、衡阳市南岳衡山旅游区、郴州市东江湖旅游区、长沙市花明楼景区
广东	15	佛山市西樵山景区、佛山市长鹿旅游休博园、中山市孙中山故里旅游区、广州市白云山风景区、惠州市惠州西湖旅游景区、江门市开平碉楼文化旅游区、清远市连州地下河旅游景区、肇庆市星湖旅游景区、韶关市丹霞山景区、广州市长隆旅游度假区、惠州市罗浮山景区、梅州市雁南飞茶田景区、深圳市华侨城旅游度假区、深圳市观澜湖休闲旅游区、阳江市海陵岛大角湾海上丝路旅游区
广西	8	南宁市青秀山旅游区、崇左市德天跨国瀑布景区、百色市百色起义纪念园景区、桂林市两江四湖·象山景区、桂林市乐满地度假世界、桂林市漓江景区、桂林市独秀峰—王城景区、北海市涠洲岛南湾鳄鱼山景区
海南	6	三亚市南山大小洞天旅游区、三亚市南山文化旅游区、分界洲岛旅游区、呀诺达雨林文化旅游区、槟榔谷黎苗文化旅游区、三亚市蜈支洲岛旅游区
重庆	10	武隆喀斯特旅游区（天生三桥·仙女山·芙蓉洞）、江津四面山景区、酉阳桃花源旅游景区、大足石刻景区、巫山小三峡—小小三峡、万盛经开区黑山谷景区、云阳龙缸景区、南川金佛山、彭水县阿依河景区、黔江区濯水景区
四川	15	乐山市乐山大佛景区、乐山市峨眉山景区、南充市阆中古城旅游区、南充市仪陇朱德故里景区、巴中市光雾山旅游景区、甘孜州海螺沟景区、甘孜州稻城亚丁旅游景区、阿坝州黄龙景区、雅安市碧峰峡旅游景区、广元市剑门蜀道剑门关旅游区、广安市邓小平故里旅游区、成都市青城山—都江堰旅游景区、绵阳市北川羌城旅游区、阿坝州汶川特别旅游区、阿坝州九寨沟旅游景区
贵州	8	安顺市黄果树大瀑布景区、安顺市龙宫景区、毕节市百里杜鹃景区、贵阳市花溪青岩古镇景区、遵义市赤水丹霞旅游区、铜仁市梵净山旅游区、黔东南州镇远古镇旅游景区、黔南州荔波樟江景区

续表

省市自治区	数量	景区名称
云南	9	中国科学院西双版纳热带植物园、丽江市丽江古城景区、丽江市玉龙雪山景区、保山市腾冲火山热海旅游区、文山州普者黑旅游景区、昆明市昆明世博园景区、大理市石崇圣寺三塔文化旅游区、迪庆州香格里拉普拉错景区、昆明市石林风景区
西藏	5	拉萨市大昭寺、拉萨布达拉宫景区、日喀则市扎什伦布寺景区、林芝市巴松措景区、林芝市雅鲁藏布大峡谷旅游景区
陕西	11	商洛市金丝峡景区、宝鸡市法门寺佛文化景区、延安市黄帝陵景区、西安市华清池景区、西安市秦始皇兵马俑博物馆、渭南市华山景区、宝鸡市太白山旅游景区、延安市延安革命纪念地景区、西安市城墙·碑林历史文化景区、西安市大明宫旅游景区、西安大雁塔·大唐芙蓉园景区
甘肃	6	嘉峪关市嘉峪关文物景区、平凉市崆峒山风景名胜区、敦煌市鸣沙山月牙泉景区、天水市麦积山景区、临夏州炳灵寺世界文化遗产旅游区、张掖市七彩丹霞景区
青海	4	西宁市塔尔寺景区、海东市互助土族故土园景区、海北州阿咪东索景区、青海湖景区
宁夏	4	中卫市沙坡头旅游景区、石嘴山市沙湖旅游景区、银川市镇北堡西部影视城、银川市灵武水洞沟旅游区
新疆	14	乌鲁木齐市天山大峡谷景区、吐鲁番市葡萄沟风景区、喀什地区喀什噶尔老城景区、喀什地区泽普金湖杨景区、巴音郭楞蒙古自治州博斯腾湖景区、伊犁州那拉提旅游风景区、天山天池风景名胜区、新疆生产建设兵团第十师白沙湖景区、伊犁州喀拉峻景区、巴音州和静巴音布鲁克景区、阿勒泰地区喀纳斯景区、阿勒泰地区富蕴可可托海景区、克拉玛依市世界魔鬼城景区、喀什地区帕米尔旅游区

资料来源：中华人民共和国文化和旅游部网站，统计截至2021年3月。

三 旅游服务设施和服务质量

旅游业是集“吃住行游购娱”为一体的综合型产业，各种发展要素相互联系、协调发展才能推进旅游业的进一步发展。我国入境旅游常年稳健发展除了得益于我国拥有丰富多彩、引人入胜的旅游资源外，日趋完善的旅游服务设施和不断提升的服务质量也是重要影响因素。

“住”作为旅游业的关键要素，越来越为旅游者所重视。改革开放以来，我国星级酒店从无到有，不仅发展速度快、规模大，而且涵盖了各质量档次，当前呈现出了以经济型的二、三星级饭店为主体，高星级的四、五星级饭店不断涌现的趋势，年平均客房出租率保持在60%左右，能有效满足各类旅游者的住宿需求，如表2－4所示。

表2－4　　　　我国星级饭店情况（2005—2016年）

年份	星级饭店数（家）	五星级数量（家）	四星级数量（家）	三星级数量（家）	二星级数量（家）	一星级数量（家）	客房数（万间）	床位（万张）	年平均客房出租率（%）
2005	11828	281	1146	4291	5497	613	133.21	257.17	61.00
2006	12751	302	1369	4779	5698	603	145.98	278.55	61.03
2007	13583	369	1595	5307	5718	594	157.38	296.94	60.96
2008	14099	432	1821	5712	5616	518	159.14	293.48	58.30
2009	14237	506	1984	5917	5375	455	167.35	306.47	57.88
2010	11779	545	2002	5384	3636	212	147.64	256.64	60.28
2011	11676	615	2148	5473	3276	164	147.49	258.63	61.10
2012	11367	640	2186	5379	3020	142	149.72	267.74	59.90
2013	11687	739	2361	5631	2831	125	153.91	270.50	56.00
2014	11180	745	2372	5406	2557	99	149.79	262.48	54.20
2015	10550	789	2375	5098	2197	91	146.25	259.36	54.19
2016	9861	800	2363	4856	1771	71	142.05	248.28	54.73

资料来源：《中国旅游统计年鉴》（2006—2017年）。

旅行社的存在和发展为旅游活动的开展提供了组织保障。作为旅游活动的设计者和组织者，我国旅行社亦呈现不断壮大发展之势，不论是旅行社数量、旅行社从业人员，还是旅行社营业收入，均逐年稳步增长（见表2－5）。旅行社在组织出入境旅游方面发挥着重要的作用，近年来，旅行社将资源配置的重点转向出境市场，成为出境旅游大发展的有力组织者。

表2－5　　我国旅行社情况（2005—2016年）

年份	旅行社数量（家）	从业人员（人）	营业收入（亿元）	接待入境旅游者人次（万人次）	由旅行社组织的出境游人次（万人次）
2005	16245	248919	1116.59	1552.53	679.69
2006	17957	285917	1411.03	1854.75	843.02
2007	18943	307977	1639.30	2175.14	987.42
2008	20110	321655	1665.48	2033.19	1090.91
2009	20399	308978	1806.53	1873.38	1234.68
2010	22691	276751	2253.89	2406.67	1663.88
2011	23690	299755	2871.71	2280.81	2021.92
2012	24944	318223	3374.75	2366.61	2830.57
2013	26054	339993	3599.14	2047.15	3355.71
2014	26650	341312	4029.59	2002.56	3914.98
2015	27621	334030	4189.01	1978.83	—
2016	27939	346219	4643.14	1942.94	—

资料来源：《中国旅游统计年鉴》（2006—2017年）。

旅游业的竞争不仅是硬件的比拼，更是软件的较量。旅游业的软件即服务质量，旅游业服务质量越高，越容易吸引更多旅游者。服务质量的好坏归根结底在于提供服务的人的素质和能力。我国在大力发展旅游业的同时，也着重进行旅游业人才的培养（见表2－6）。一方面，设置专业旅游院校，培养专业旅游人才。改革开放以来，旅游院校从无到有，数量不断增加，高等旅游院校及开设旅游系（专业）的普通高等院校（所）和中等职业学校均蓬勃发展，在校生人数规模不断扩大，为我国旅游业发展提供了专业的人才。另一方面，加强在职人员的培训，不断扩大在职人员培训的总量并提高质量。专业培养和在职培训成为提升旅游服务质量进而增强旅游贸易吸引力的两大抓手。

表 2－6　　我国旅游教育情况（2005—2016 年）

年份	旅游院校数量（所）	在校生人数（万人）	高等院校（所）	高等院校旅游在校生人数（万人）	中等职业学校（所）	中职旅游在校生人数（万人）	全行业在职人员培训（万人）
2005	1336	56.65	693	30.84	643	25.81	267.18
2006	1703	73.49	762	36.11	941	37.37	286.52
2007	1641	77.38	770	39.74	871	37.64	320.94
2008	1775	84.46	810	44.00	965	40.46	338.28
2009	1733	95.24	852	49.84	881	45.41	397.11
2010	1968	108.64	967	59.61	1001	49.03	426.65
2011	2208	108.33	1115	59.98	1093	48.34	435.65
2012	2236	107.34	1097	57.62	1139	49.72	446.84
2013	1832	77.16	959	49.44	873	27.72	427.30
2014	2055	75.33	1122	43.52	933	31.81	462.13
2015	2307	79.67	1518	57.08	789	22.59	475.40
2016	2614	67.24	1690	44.04	924	23.20	474.50

资料来源：《中国旅游业统计公报》（2005—2016 年）。

四　区域旅游合作

在经济全球化和区域一体化浪潮驱动下，各种区域旅游合作如火如荼展开。在此背景下，我国积极融入各种区域旅游合作，已建立一系列多边和双边国际旅游合作机制，主要包括中国—东盟、中国—南太、中国—欧盟、中俄、中美、中澳、中日韩等。“一带一路”倡议的提出和实施进一步推进了我国与沿线国家旅游通力合作。通过区域旅游合作、相互推介旅游目的地、相互输送客源、信息资源共享、交通等基础设施互联互通以及共同营销等途径，区域旅游合作机制成为我国出入境旅游蓬勃发展的一个主要助推器。

五 出入境便利性

出入境便利性表现在两方面。一方面，出入境签证放宽。中国旅游研究院、携程旅游大数据联合实验室联合发布的《2018 年中国游客出境游大数据报告》显示，2018 年，单方面允许中国公民免签入境包含印度尼西亚、韩国（济州岛等地区）、摩洛哥等 15 个国家（地区），单方面允许中国公民办理落地签证的国家（地区）有 44 个（如泰国、印度尼西亚、越南、缅甸、老挝、柬埔寨、文莱等东盟国家），互免普通护照签证的有阿拉伯联合酋长国、白俄罗斯共和国等 14 个国家。截至 2020 年 8 月，我国已经与 147 个国家缔结了互免签证协定，我国护照“含金量”显著提升[①]，签证政策便利化成为催生出入境旅游的重要催化剂；另一方面，我国已与多数国家通航，日益完善的交通体系给旅游者出入境旅游提供了高效便捷的交通服务，为旅游服务贸易互动提供了有力支撑。

① 龚春辉：《最新！中国与外国互免签证协定一览表来了》，https：//baijiahao. baidu. com/s?id = 1678701638981191118&wfr = spider&for = pc，2020 年。

第三节　中国旅游服务贸易的综合效应分析

一　经济效应分析

（一）旅游服务贸易扩大了我国对外开放度

经济全球化要求各国（地区）实施对外开放政策，参与全球经济分工体系，方可有效合理配置资源要素，提升竞争力水平。积极发展旅游服务贸易是扩大对外开放度的主要途径及重要表征，可用旅游服务贸易依存度衡量旅游服务贸易促进我国对外开放水平，具体公式为：

$$旅游服务贸易依存度 = \frac{旅游服务贸易出口总额 + 旅游服务贸易进口总额}{国内生产总值} \times 100\% \quad (2-1)$$

旅游服务贸易依存度越高，表明某国（地区）旅游对外开放度越高，贸易一体化水平越高，该国（地区）对旅游服务进出口的依赖程度也越高。

对我国1998—2018年旅游服务贸易依存度进行计算，由图2－10可知，在1998—2018年，我国旅游服务贸易依存度基本保持在1.5%—3.4%，其中，1998—2007年我国旅游服务贸易依存度保持在2.2%以上的水平，2008年起，受国际金融危机的影响，旅游服务贸易依存度开始呈低走态势，跌至2.0%的水平，但2014年旅游服务贸易出现反弹走高，依存度水平达3.32%，说明旅游服务贸易作为我国服务贸易体系的重头戏，对推动贸易一体化水平和提高我国对外开放度依然发挥着积极重要的作用。

（二）旅游出口贸易对国民经济的贡献率突出

改革开放伊始，我国便以入境旅游开启了旅游业的序幕，长期

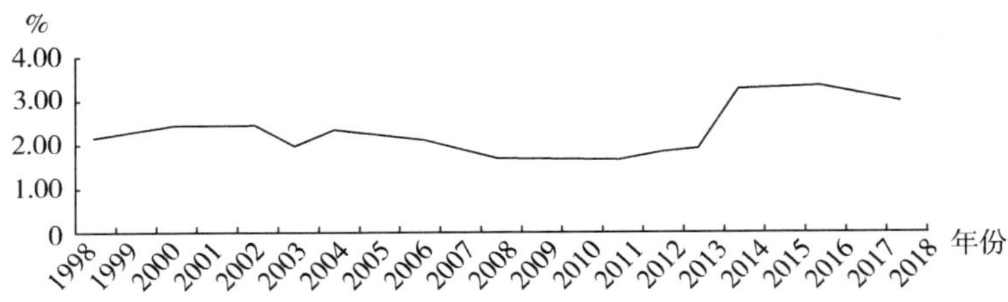

图 2－10 我国旅游服务贸易依存度

资料来源：根据国家外汇管理局数据整理计算而得。

以来，优先发展入境旅游即是看中其创汇的经济效应。我国入境旅游创汇能力逐年提高，对国民经济的贡献突出。入境旅游的经济效应可用出口贸易依存度来衡量，其计算公式为：

$$出口贸易依存度=\frac{出口总额}{国内生产总值}\times 100\% \qquad (2-2)$$

该公式的计算结果能反映国际市场对某国家（地区）产品认可程度以及对国民经济的拉动作用。出口贸易依存度越高，表明国际市场对入境旅游认可程度高，入境旅游对国民经济发展的经济贡献率越大。

对我国 1985—2018 年的旅游服务出口依存度进行计算（见图 2－11），随着入境旅游从 20 世纪 80 年代初的起步到深入发展，旅游创汇能力不断提高，旅游服务出口依存度也稳步提高，由 1985 年的 0.4% 的依存度逐年提高，于 1994 年达到 1.3%，之后我国旅游出口依存度基本上保持着 1.2%，2008 年受国际金融危机影响，旅游出口依存度再次跌至 1% 以下，但 2014 年重新升至 1.02%，此后基本保持在 1% 的水平。总体而言，入境旅游一直是我国重点开发的旅游市场，是创汇的主要手段，对国民经济的贡献突出。

图 2－11　我国旅游服务出口依存度（1985—2018 年）

资料来源：根据国家外汇管理局数据整理计算而得。

二　非经济效应分析

旅游活动具有明显的经济功能，作为一项具有空间转移特征的活动，旅游活动同样具有非经济效应，随着人类活动地点的转移，也带来了旅游客源地和旅游目的地的人文社会的影响。总体而言，我国发展出入境旅游，进行旅游服务贸易，具有积极的非经济效应和消极的非经济效应。

（一）积极的非经济效应

随着对外政策的开放，入境旅游的大力发展，越来越多的境外旅游者进入中国，我国辽阔地域孕育的秀美奇特的自然景观、悠久历史积淀的深厚丰富的人文历史景观、众多民族演绎的多姿多彩的民俗文化逐渐为境外旅游者所熟知和赞誉，焕发强烈的吸引力，入境旅游成为塑造宣传中国形象的重要方式。以旅游为媒介促进了我国与世界各国的社会文化交流，为推动双边政治互信、创建和平外交环境提供了保障。随着入境旅游的壮大发展，国人和境外旅游者打交道机会增多，为了更好地和境外旅游者打交道，国人进行了各种学习培训以提升服务质量，整体推动了国人素质的提高。1997 年出境旅游政策进一步放开，中国迎来了出境旅游热潮，国人走出国门，开阔了视野，体验了别处生活，提升了生活质量。国人在走出国门感受异国风光风情的同时，也把我国的优秀传统文化、良好的精神风貌向世界展示，同样宣传了我国的形象，增加了中国和世界各国的互信和了解。

总体而言，无论是入境旅游还是出境旅游的发展，对传播中华民族先进文化和文明成果、增进旅游互动双方的社会文化交流、推动与世界各国地区友好交往、增强民族自信心、促进对外开放、推进和谐世界建设以及塑造传播我国整体形象都起到积极作用。

（二）消极的非经济效应

出入境旅游发展给我国旅游服务贸易带来积极的非经济效应同时，不可避免产生消极的非经济影响，尤其是出境旅游产生的问题更令人关注和引起反思。出境旅游引起的消极影响在以下两方面尤其突出。

1. 不文明现象屡屡发生

中国出境旅游者在异国他乡旅游时，把一些国内常见的陋习也带出国门，不文明现象屡屡发生。2006 年，中央文明办和原国家旅游局向社会公开征集“中国公民旅游不文明行为表现”和“提升中国公民文明素质建议”，归纳出中国公民出境（出国）旅游常见不文明行为，包括以下 10 项①。

第一，随处抛丢垃圾、废弃物，随地吐痰、擤鼻涕、吐口香糖，上厕所不冲水，不讲卫生留脏迹。

第二，无视禁烟标志，想吸就吸，污染公共空间，危害他人健康。

第三，乘坐公共交通工具时争抢拥挤，购物、参观时插队加塞，排队等候时跨越黄线。

---

① 《关于公布征集“中国公民旅游不文明行为表现”和“提升中国公民旅游文明素质建议”结果的公告》，http：//www.gov.cn/zwgk/2006－09/22/content_395404.htm，2006 年 9 月。

第四，在车船、飞机、餐厅、宾馆、景点等公共场所高声接打电话、呼朋唤友、猜拳行令、扎堆吵闹。

第五，在教堂、寺庙等宗教场所嬉戏、玩笑，不尊重当地居民风俗。

第六，大庭广众之下脱去鞋袜、赤膊袒胸，把裤腿卷到膝盖以上、跷“二郎腿”，酒足饭饱后毫不掩饰地剔牙，卧室以外穿睡衣或衣冠不整，有碍观瞻。

第七，说话脏字连篇，举止粗鲁专横，遇到纠纷或不顺心的事大发脾气，恶语相向，缺乏基本社交修养。

第八，在不打折扣的店铺讨价还价，强行拉外国人拍照、合影。

第九，涉足色情场所、参加赌博活动。

第十，不消费却长时间占据消费区域，吃自助餐时多拿浪费，离开宾馆饭店时带走非赠品，享受服务后不付小费，贪小便宜。

种种不文明行为引起诸多反感。据报道，有调查显示，中国游客在全球不受欢迎游客排名中仅次于美国游客居次位，而在一项对全球游客的形象评价调查中，中国游客形象位列倒数第三①。中国旅游者在境外的不文明行为引起诸多不满，已经屡次遭到外国旅游部门的警告，包括美国、法国、韩国、英国、泰国等不少国家的官方媒体大肆报道有关中国游客出境的窘态问题②，这使得我国对外形象严重受损。

2. 奢侈高消费异象引人侧目

我国出境旅游发展时间不长，但发展迅速，出境人数连年激增，出境消费水平已超过美国和德国，跃居世界第一位。我国旅游

---

①　季苏平：《中国游客居世界最不受欢迎游客榜次位》，http：//china. cnr. cn/xwwgf/201209/t20120908_510865463. shtml，2012 年 9 月。

②　《中国游客遭多国警告　细数中国游客的不文明行为》，https：//travel. 163. com/13/0724/19/94IQE0KL00063KE8. html，2013 年 7 月。

者出境旅游消费水平高，热衷购物，尤其是奢侈品购物，高消费购物构成全球性话题事件。国人出境旅游高消费行为在给旅游目的地创造经济增长的同时，又具有深刻的社会效应。受穷家富路、人情面子、攀比心理、超级旅游享受、境内外品牌产品差价等因素影响，国人境外消费非必要消费支出显著，消费目的不再仅限于购买商品的使用价值和满足自身基本的物质精神需要，更主要是追求消费的符号象征意义，通过消费炫耀自己的富有、身份和地位，中国旅游者境外消费具有“炫耀消费”特质。炫耀性消费属于畸形消费心理和消费行为，导致超前消费、过度消费，带有夸饰和虚化色彩，不仅是对旅游认知的偏差，更容易导致对旅游发展的不良影响。一方面，炫耀性消费与旅游宗旨背道而驰，导致旅游目的的迷失和畸形发展。旅游的目的是让旅游者在人与自然、人与人、人与文化的交流中感受生活的轻松和美好，为生活和生命赋予意义，使人们的心灵有所安顿、有所皈依，精神上得到满足。而出境旅游的高消费在无度纵欲和纯粹享乐主义消费之后将产生巨大失落、苦闷和精神空虚，与旅游目的完全相左，同时还会以其示范效应误导其他旅游者的行为，导致炫耀性消费泛滥，致使旅游业迷失发展方向。另一方面，炫耀性旅游消费会阻碍旅游业可持续发展。炫耀性消费以无节制的物质消费为基础，将会导致资源耗竭速度加快，生态系统恶化，环境污染，自然旅游资源受到威胁，阻碍旅游业可持续发展（王素洁和齐善鸿，2005）。

三　旅游服务贸易逆差问题引人深思

一直以来，在我国的国际贸易结构中，货物贸易是主体，规模大，持续顺差，是我国赚取外汇收入的最主要渠道（见图2－12）。

与货物贸易相比，服务贸易规模小，一直以来进口大于出口，

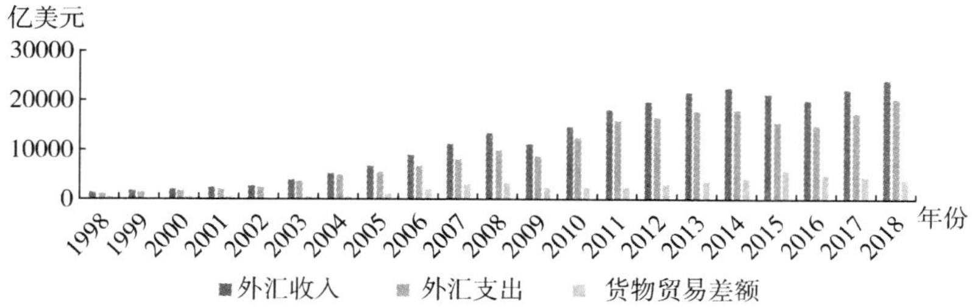

图 2－12　我国货物贸易收支情况

资料来源：国家外汇管理局。

持续逆差呈扩大之势，国际市场占有率低，竞争力弱，知识化程度和附加值低（见图 2－13）。

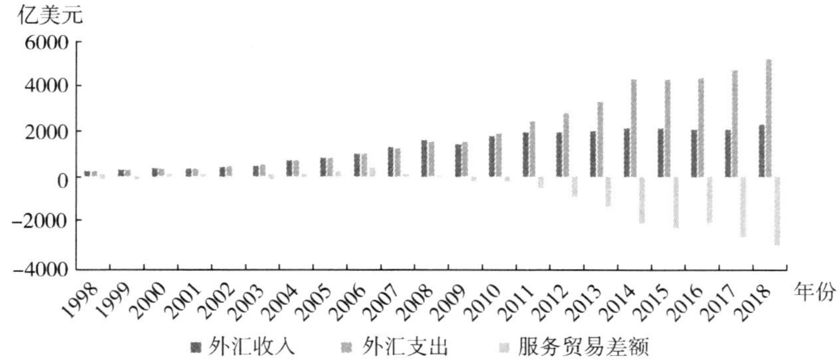

图 2－13　我国服务贸易收支情况

资料来源：国家外汇管理局。

旅游服务贸易是服务贸易体系中的重要组成部分，在服务贸易持续逆差的背景下，旅游服务进出口额一直占服务贸易总额的 2/3 左右，长期保持着贸易顺差，曾有力弥补了其他服务贸易的逆差，然而，旅游服务贸易顺差的形势在 2009 年被打破。根据国家外汇管理局国际收支平衡表数据，2009 年，我国首次出现旅游外汇支出反超旅游外汇收入的情况，当年旅游贸易逆差 40 亿美元，依靠国际旅游创外汇的发展目标被改写。此后，旅游服务贸易逆差连年呈扩大之势，2010 年逆差 91 亿美元，2011 年逆差激增到 241 亿美元，2014 年起逆差突破 1000 亿美元，高达 1220 亿美元（见图 2－14）。短短数年旅游服务贸易由顺差转为逆差，且逆差额扩大之势远高于 2009 年之前的旅游服务贸易顺差额，旅游服务贸易格局突变更是加剧了本来就处于逆差的服务贸易体系的逆差困境。

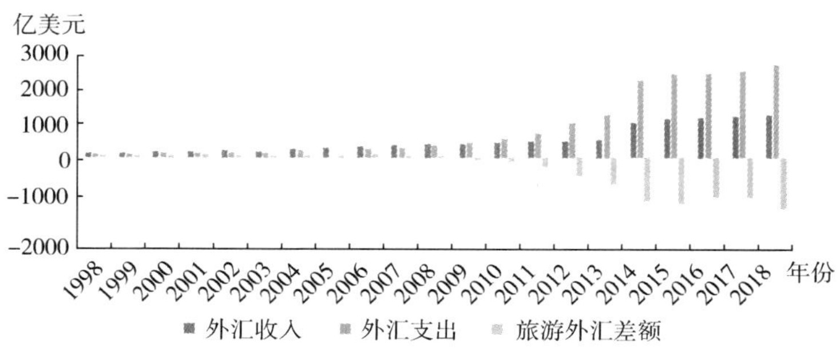

图 2－14 我国旅游服务贸易收支情况

资料来源：国家外汇管理局。

根据国际收支平衡表得出的我国旅游服务贸易逆差问题引起社会广泛关注。对于此问题，中国旅游研究院认为，国际收支平衡表的旅行服务贸易测算体系和国际规则界定的旅游服务贸易体系存在差别，国际收支平衡表中的旅行服务贸易收入（贷方）指的是相对狭义的旅游活动（即旅游服务贸易收入）；而旅行服务贸易支出（借方）则指向不区分停留时间和动机的广义旅行活动，为“记录我国居民境外旅行、留学或就医期间购买的非居民货物和服务”，因此，我国国际收支平衡表的旅行服务贸易支出明显超出旅游服务贸易支出范畴①。根据出境旅游抽样调查数据，中国旅游研究院测算出 2014—2017 年我国旅游服务贸易支出分别约为 896.4 亿美元、

① 左登基：《我国旅游服务贸易不存在逆差》，http：//www. gov. cn/xinwen/2016－10/15/content_5118775. htm，2016 年 10 月。

1045 亿美元、1098 亿美元和 1152. 9 亿美元，结合旅游服务贸易收入，算出 2014—2017 年我国旅游服务贸易顺差分别为 157. 4 亿美元、91. 5 亿美元、102 亿美元和 81. 1 亿美元，即 2014—2017 年，我国旅游服务贸易不存在逆差，反而是持续顺差[①]。尽管缩小统计口径后我国旅游服务贸易并不存在所谓严重的贸易逆差问题，但是该问题仍值得我们关注。从需求侧考虑，入境旅游发展早，需求一直平稳增长，近年来人数增速明显放缓，甚至在某些年份出现人数下滑的现象，且入境旅游者消费水平普遍偏低，而出境旅游虽在我国起步晚，但是在我国经济水平高速增长以及收入水平大幅提高的背景下，国人出境旅游热情高涨，且国人还具有境外消费高的显著特征，对出入境旅游需求的差异有可能影响我国服务贸易的格局；从供给侧考虑，我国入境旅游增速放缓的状况与旅游供给有着紧密的联系，供给侧存在不容忽视的问题，如产品层次低、服务质量不高、配套设施不完善、对外旅游宣传推广不足、生态环境不优、签证便利化程度不足等，严重降低了我国入境旅游产品吸引力和竞争力。除此以外，近年来世界经济趋于疲软、人民币汇率升值、周边国家旅游业崛起对我国造成竞争威胁等都对我国旅游服务贸易造成一定程度的影响。

随着经济收入的增加以及出国便利性的提高，以体验异国风情为目的的出境旅游还将继续呈现快速增长的趋势，在这样的背景下，要实现旅游服务进出口良性互动，重点应该放在如何在入境旅游上做文章，通过刺激入境旅游发展增加旅游服务出口。因此，研究我国旅游服务贸易竞争力、设计旅游服务进出口互动机制并构建互动模式，以入境旅游为主并结合出境旅游提出相关政策措施就显得意义深远。

---

① 《旅游服务贸易继续顺差》，http：//tradeinservices. mofcom. gov. cn/article/tongji/guonei/buweitj/buweiqttj/201802/54147. html，2018 年。

第三章　中国旅游服务贸易竞争力及其影响因素评估

第一节　旅游服务贸易竞争力的内涵

竞争力一般指的是参与双方或多方角逐或比较而体现出来的综合能力的强弱，因而它是一种相对指标。一个区域的旅游服务贸易竞争力往往指区域内各旅游经济体主体在国际旅游市场竞争的过程中形成并表现出来的争夺资源或市场的能力，换句话说，即某区域在更大区域范围内相对于其他同类区域的资源优化配置能力。

区域旅游服务贸易竞争力带有比较的色彩，只有比较方显现强弱。在贸易理论中，主要是通过比较优势指数（Comparative Advantage Index，CAI）和显示性比较优势指数（Revealed Comparative Advantage Index，RCA）这两种指标来衡量比较。

比较优势指数也叫作可比净出口指数（Normalized Trade Balance，NTB），还有部分学者称该指数为贸易专业化系数（Trade Specialization Coefficient，TSC）。CAI 指数表示一国进出口贸易差额占进出口贸易总额的比重，计算公式如下：

$$CAI = \frac{X_{ij} - M_{ij}}{X_{ij} + M_{ij}} \quad (3-1)$$

其中，X_{ij}为 i 国家第 j 种产品（服务）的出口额，M_{ij}为 i 国家第 j 种产品（服务）的进口额。比较优势指数剔除了通货膨胀等宏观经济总量波动的影响，取值范围为［−1，1］，在不同时期、不同国家之间是可比较的。$CAI>0$，说明 i 国家第 j 种产品（服务）具有较强的出口竞争力，数值越接近 1，说明竞争力越强；$CAI=1$，意味 j 产品（服务）只有出口没有进口。$CAI=0$，说明比较优势接近平均水平；$CAI<0$，表示 i 国家第 j 种产品（服务）不具有出口竞争力，数值越接近 −1，表明竞争劣势加重，竞争力越弱；$CAI=-1$，表明只有进口而没有出口，完全处于竞争劣势。

显示性比较优势指数由美国经济学家巴拉萨（Balassa）于 1965 年提出，指一国某种产品（服务）出口额占该国出口总值的份额与全球出口总额中该类产品（服务）出口额所占份额的比率，用公式表示如下：

$$RCA=\frac{X_{ij}/X_{it}}{X_{wj}/X_{wt}} \tag{3-2}$$

其中，X_{ij}表示 i 国出口 j 产品（服务）的出口额，X_{it}表示 i 国的总出口额，X_{wj}表示全球出口 j 产品（服务）的出口额，X_{wt}表示全球总出口额。$RCA>2.5$，则表明该国产品（服务）具有极强的竞争力；$1.25\leqslant RCA\leqslant 2.5$，则表明该国产品（服务）具有较强的国际竞争力；$0.8\leqslant RCA<1.25$，则表明该国产品（服务）具有中度的国际竞争力；$RCA<0.8$，则表明该国产品（服务）的国际竞争力弱。

在旅游服务贸易竞争力的测度比较中，比较优势指数和显示性比较优势指数是常用到的分析工具，如赵书华和李辉（2005）运用服务贸易比较优势指数对全球旅游服务贸易九强的国际竞争力进行定量分析，认为旅游服务贸易国际竞争力存在比较优势的国家依次是西班牙、法国、意大利、墨西哥、中国、美国，但英国和德国是比较劣势较为明显的国家。董小麟和庞小霞（2007）采用比较优势指数和显示性比较优势指数分析比较了中国与西班牙、美国、意大利、法国、德国、日本、英国、加拿大和墨西哥的旅游服务贸易竞争力状况。比较优势指数和显示性比较优势指数直观地描绘了旅游服务贸易竞争力水平，有助于对不同国家和地区旅游服务贸易竞争力进行比较分析，但仔细考究这两个指数的构成，可看出这两个指数均是以旅游服务贸易进出口额作为测算的指标，测算的是旅游服务贸易竞争力的最终值，而竞争力作为一种资源优化配置能力，是各种要素综合作用的结果，比较优势指数和显示性比较优势指数只能静态表现现实旅游服务贸易竞争力结果，难以动态表现旅游服务贸易竞争力的潜力。为此，需要重新构建旅游服务贸易竞争力评价指标体系，既能反映竞争力作为资源优化配置能力的结果，又能解释资源优化配置能力的来源；既能表现现实竞争力，又能分析竞争力的潜力。

第二节　旅游服务贸易竞争力评价指标体系

综观国内外相关文献，研究的热点主要集中于构建竞争力评价模型和指标体系以及进行量化测度等方面。自 Crouch 和 Richie（1999）构建出包括核心资源和吸引物、辅助性资源和设施、目的地政策规划和开发、目的地管理、限制性和放大性因素五大因素在内的旅游目的地竞争力概念性模型后，研究更多是在该模型范畴内进行验证或者对其进行理论补充或完善。例如，Hallmann 等（2012）通过问卷调查方式实证旅游供给者对 Crouch-Ritchie 模型的感知，认为目的地核心资源、目的地管理和目的地政策是影响竞争力的主要因素。Dwyer 和 Kim（2003）在 Crouch-Ritchie 模型的基础上提出了 Dwyer-Kim 模型，该模型主要包括资源、目的地管理、环境条件和需求四大要素。关于旅游竞争力的评价，黄秀娟和黄福才（2007）把竞争力水平等同于竞争业绩，选择入境旅游人数、入境外国人人数、人均入境旅游人数、旅游外汇收入、人均旅游外汇收入、旅游外汇收入相当于 GDP 的比率进行测度。更多学者把旅游竞争力的关键决定要素和旅游业绩综合进行考量评价，旅游竞争力的决定要素归类尚未形成统一的指标体系，如汪德根（2004）从国际旅游经济实力、国际旅游资金实力、国际旅游吸引力、国际旅游企业经营状况、国际旅游交通状况和国际旅游技术人才六方面构建国际旅游竞争力评价指标体系，并对我国各省份的国际旅游竞争力进行了比较研究；朱应皋等（2004）构建了以旅游资源与产品条件、社会经济条件、其他条件以及国际旅游业绩为基本层次的旅游业国际竞争力评价指标体系。与此同时，有学者对旅游竞争力综合评价体系进行更细致归类，如曹宁和郭舒（2004）和臧德霞（2009）均把旅游竞争力评价指标分为显示性指标和分析性指标，当然二者的分类有一定差异；曹宁和郭舒（2004）认为，显示性指标反映的是竞争的结果或者竞争的最终表现，分析性指标用于反映竞争力的原因或其决定因素，包括核心吸引物、基础性因素、支持性因素、发展性因素、资格性因素、管理创新因素；臧德霞（2009）提出显示性指标从旅游者和目的地居民两角度衡量，分析性评价指标包括核心资源与吸引物因素、辅助性与支持性因素、目的地管理因素、限制性与放大性因素、旅游企业管理因素。还有学者把旅游目的地系统看成类似企业生产经营的系统，从投入产出效率测度旅游竞争力水平，如 Cracolici 等（2008）认为，旅游目的地投入各种资源要素而获得产出，产出从到访旅游者人数、过夜天数、经济增加、就业、游客满意度等方面测度，并以意大利为例进行实证分析；冯学钢等（2009）构建的投入产出模型（IO 模型）中投入要素包括资源禀赋、资本、人力资源和支持性设施，绩效产出包括国内旅游产出、国际旅游产出和旅游企业产出三部分。

现有研究对旅游竞争力从多要素、多维度进行综合评价和实证。从国家之间进行国际旅游贸易视角考量，国家层面的国际旅游服务贸易竞争力涉及的评价因素更加多元化和复杂化，但目前缺乏一个具有广泛操作性和可比性的竞争力评价指标体系。基于促进旅游服务贸易互动的研究主旨，本书将构建更为普适和可比的国际旅游服务贸易竞争力评价指标体系。诚然，在评价旅游竞争力时可只用旅游业绩表示，但这种竞争力评价只看结果，具有片面性；把各种体现竞争力的要素指标和业绩指标融合进行测度，体现出竞争力的综合性特征，但仍然过于笼统，不能深入剖析竞争力产生的前因后果。依据 Richie 和 Crouch 的观点，在旅游竞争力系统中，旅游目的地的竞争力来源于所拥有的资源禀赋（比较优势）以及配置资源的能力（竞争优势）。为提升旅游目的地竞争力，旅游目的地凭借其旅游资源禀赋，投入资金、人力、技术、信息等要素进行旅游地开发，同时，竞争力还受到政策、辅助性设施以及安全保障、公共卫生等限制性或放大性因素等的影响。政府和企业通过有效配置各种资源要素，旅游地得到开发，吸引游客到访从而取得旅游业绩，进而带动当地经济、社会、环境综合发展。基于此分析，本书倾向于采纳曹宁和郭舒（2004）和臧德霞（2009）的观点，旅游服务贸易竞争力评价用显示性指标和分析性指标两大类指标进行测度衡量。显示性指标用旅游业绩衡量，反映竞争的结果，可看作旅游竞争力系统的产出部分。分析性指标指影响竞争力的因素，用以解释竞争力，可宽泛理解为竞争力系统的要素投入部分，通过要素投入的力度以及要素改善程度亦可分析旅游竞争力的潜力。以此角度思辨，旅游服务贸易竞争力体系亦可用旅游系统的投入产出模型（IO 模型）来解释。此类指标体系划分体现了竞争力测度的多维性特征。运用该指标体系测度旅游服务贸易竞争力，可以通过各个旅游目的地的综合比较，分析出研究对象的相对竞争力水平；同时，还可通过对分析性指标的影响重要性分析挖掘影响竞争力结果的关键要素，为提升竞争力进而优化旅游服务贸易互动路径提供参考依据。

本书构建的指标体系（见表 3 – 1）主要参考世界经济论坛（World Economic Forum，WEF）的《旅游竞争力报告》（*The Travel and Tourism Competitiveness Report*）中的旅游竞争力指数（TTCI）体系，包括规章制度、商业环境和基础设施、人力资源和旅游资源三个一级指标及其细化的二级指标。指标数据根据世界经济论坛的企业高管调查和国际航空运输协会（International Air Transport Association，IATA）、世界旅游组织（World Tourism Organization，UNWTO）、世界贸易组织（World Trade Organization，WTO）、世界旅游及旅行理事会（World Travel & Tourism Council，WTTC）等国际组织提供的信息进行计算整理而得。另外，为满足分析需要，本指标体系加入经济条件和旅游业绩两个一级指标及其细化二级指标，相关数据也通过对 WEF 相关数据进行计算整理得到，较好地规避了各国国情不一、统计口径迥异的现实约束。其中，分析性指标包括经济条件、规章制度、商业环境和基础设施、人力资源和旅游资源四项指标，显示性指标包括旅游业绩一项指标，各项指标均为正向化指标。

一国经济越发达，越有利于旅游产业获得较多的资本投入。规章制度方面，一国的开放规制越宽松，越有利于旅游业的国际化发展；一国旅游业在国民经济中地位越高，旅游业越容易获得重视和发展；环境可持续发展、安全保障和健康卫生等政策作为越有力，越能为旅游业发展提供基础性保障。商业环境和基础设施指标中的航空设施、路面交通设施、旅游基础设施、通信设施属于旅游竞争

表 3-1　　旅游服务贸易竞争力指标体系

指标类型	一级指标	二级指标	指标权重
分析性指标（A）	经济条件（A_1）	GDP（A_{11}）	0.700
		人均 GDP（A_{12}）	0.300
	规章制度（A_2）	政策和规章（A_{21}）	0.120
		环境可持续发展（A_{22}）	0.217
		安全保障（A_{23}）	0.188
		健康卫生（A_{24}）	0.266
		旅游产业地位（A_{25}）	0.227
	商业环境和基础设施（A_3）	航空设施（A_{31}）	0.122
		路面交通设施（A_{32}）	0.232
		旅游基础设施（A_{33}）	0.281
		通信设施（A_{34}）	0.210
		旅游业价格竞争力（A_{35}）	0.156
	人力资源和旅游资源（A_4）	人力资源（A_{41}）	0.083
		旅游亲和力（A_{42}）	0.163
		旅游资源（A_{43}）	0.754
显示性指标（B）	旅游业绩（B_1）	旅游入境人数（B_{11}）	0.361
		旅游外汇收入（B_{12}）	0.360
		人均旅游外汇收入（B_{13}）	0.066
		旅游外汇收入占 GDP 比重（B_{14}）	0.213

力支持性因素；而旅游业价格竞争力综合体现了旅游业资源要素配置能力。人力资源和旅游资源中的旅游亲和力衡量旅游地的服务质量以及居民对游客的友好程度；旅游资源包括自然资源和人文资源，是旅游国际竞争力的基本内核。旅游业绩指标中，旅游入境人数、旅游外汇收入为规模性指标，人均旅游外汇收入、旅游外汇收入占 GDP 比重为效率性指标。

第三节　中国旅游服务贸易竞争力评价

一　研究对象和研究方法

为了更好地评价我国旅游服务贸易竞争力水平，选择的研究对象有两类国家：一是选取《旅游竞争力报告》中排名靠前的瑞士、德国、法国、奥地利、美国和瑞典作为比较对象，以期能找出中国和世界旅游服务贸易强国的差距；二是选取和中国有密切旅游服务贸易互动关系的东盟国家和中国做比较，了解中国和东盟的旅游服务贸易竞争力水平，以期能更好地为双方互动服务。综合中国和东盟各国旅游服务贸易互动的实际以及数据的可得性，选取越南、新加坡、马来西亚、印度尼西亚、泰国和菲律宾作为研究对象。数据来源于2007年、2008年、2009年、2011年以及2013年世界经济论坛发布的《旅游竞争力报告》①，运用熵值法确定旅游服务贸易竞争力的指标权重进而综合评价竞争力。

熵值法是一种客观赋权法，根据指标提供的信息量和指标联系度确定权重，权重确定具有客观性特征。熵值法的基本原理如下所示（郭显光，1998）。

设有 m 个待评方案、n 项评价指标，形成原始指标数据矩阵 $X=(x_{ij})_{m\times n}$，其中，$0\leqslant i\leqslant m$，$0\leqslant j\leqslant n$。在信息论中，信息熵 $e_j=-\sum_{i=1}^{m}p(x_{ij})\ln p(x_{ij})$，其中，$p_{ij}=\frac{x_{ij}}{\sum_{i=1}^{m}x_{ij}}$。

信息熵是系统无序程度的度量。某项指标的值的变异程度越

① 世界经济论坛发布的《旅游竞争力报告》从2009年起隔年公布，同时由于2013年后的指标有所变动，为了保证指标测度的一致性，故这里及后面章节的分析只选取2007年、2008年、2009年、2011年以及2013年的数据。

大，信息熵越小，该指标提供的信息量越大，该指标的权重相应越大；反之，某项指标的值的变异程度越小，信息熵越大，该指标提供的信息量越小，该指标的权重也越小。基于各项指标的值的变异程度，可用信息熵计算各指标的权重。

用熵值法进行综合评价的步骤如下。

第一步，先进行指标同度量化处理，计算第 j 项指标下第 i 方案指标值的比重：

$$p_{ij} = \frac{x_{ij}}{\sum_{i=1}^{m} x_{ij}} \tag{3-3}$$

第二步，计算第 j 项指标的熵值：

$$e_j = -k \sum_{i=1}^{m} p_{ij} \ln p_{ij} \tag{3-4}$$

其中，$k>0$，ln 为自然对数，$e_j \geqslant 0$。如果 x_{ij} 对于给定的 j 全部相等，那么：

$$p_{ij} = \frac{x_{ij}}{\sum_{i=1}^{m} x_{ij}} = \frac{1}{m} \tag{3-5}$$

此时 e_j 取极大值，即 $e_j = -k \sum_{i=1}^{m} \frac{1}{m} \ln \frac{1}{m} = k \ln m$。若设 $k = \frac{1}{\ln m}$，则有 $0 \leqslant e_j \leqslant 1$。

第三步，计算第 j 项指标的差异系数。对于给定的 j，x_{ij} 的差异性越小，则 e_j 越大；当 x_{ij} 全部相等时，$e_j = e_{\max} = 1$，此时对于方案的比较，指标 x_j 毫无作用；当 x_{ij} 的差异性越大，则 e_j 越小，该指标对于方案比较所起的作用越大。定义差异性系数如下：

$$g_j = 1 - e_j \tag{3-6}$$

其中，g_j 越大，则指标越重要。

第四步，定义权重：

$$a_j = \frac{g_j}{\sum_{j=1}^{n} g_j} \tag{3-7}$$

第五步，计算第 i 个方案的综合评价值：

$$v_i = \sum_{j=1}^{n} a_j p_{ij} \tag{3-8}$$

二　旅游服务贸易竞争力评价

以分析性指标作为竞争力系统的投入要素，显示性指标作为系统的产出要素，则一国的旅游服务贸易竞争力综合水平等于投入要素竞争力和产出要素竞争力的加总。基于2007年、2008年、2009年、2011年以及2013年数据，运用熵值法分别算出各国各年的指标权重和竞争力水平，以主观赋值法分别赋予2007年、2008年、2009年、2011年以及2013年0.1、0.1、0.2、0.25、0.35的权重，据此得出指标的综合权重（见表3－1）以及各国旅游贸易服务竞争力的动态综合值（见表3－2）。

表3－2　　各国旅游服务贸易竞争力的动态综合值

国家	投入值	产出值	综合值＝投入值＋产出值	排名
美国	0.662	0.187	0.848	1
法国	0.363	0.161	0.524	2
德国	0.390	0.080	0.470	3
中国	0.331	0.114	0.445	4
瑞士	0.349	0.047	0.396	5
奥地利	0.316	0.075	0.391	6
瑞典	0.310	0.041	0.351	7
新加坡	0.280	0.057	0.337	8
马来西亚	0.228	0.081	0.310	9
泰国	0.220	0.077	0.297	10

续表

国家	投入值	产出值	综合值 = 投入值 + 产出值	排名
印度尼西亚	0. 197	0. 024	0. 221	11
越南	0. 178	0. 036	0. 214	12
菲律宾	0. 176	0. 021	0. 197	13

对旅游贸易服务各项指标权重进行分析，旅游资源和 GDP 的权重值高（分别为 0. 754 和 0. 700），表明旅游资源是培育旅游服务贸易竞争力的基础和核心，国家的经济实力决定旅游建设各项资源要素的投入力度。为了让旅游者顺畅进出并停留旅游目的地，旅游目的地需要重点解决路面交通设施（0. 232）和旅游基础设施（0. 281）问题，而随着旅游者网络通信的需求越来越大，旅游目的地的通信设施建设的重要性也日益突出（0. 210）。而能否加大对旅游要素的经济投入，旅游资源能否有效开发利用，离不开国家对旅游业的重视和支持，因而，旅游业在各国的产业地位（0. 227）是提升旅游竞争力的政策保障。身心健康以及卫生条件良好是旅游者对目的地的基本要求，提供健康卫生保障是影响旅游者出行的前提（0. 266）。环境同样是影响竞争力的重要因素，优越的自然环境不仅是重要的旅游吸引物，同样是旅游者美好旅游体验的决定要素，而大气污染、水污染等环境污染问题不仅对旅游资源造成破坏，而且对交通、旅游者旅游体验以及旅游者身心健康造成负面影响，因此制定环境可持续发展政策势在必行（0. 217）。人文环境同样对旅游者产生深刻的影响，旅游者在目的地能否得到安全保障以及旅游目的地是否有对外来客友好的氛围已成为旅游者作出旅游决策的重要考量，因此，安全保障的政策措施和旅游目的地亲和力的影响不容忽视（0. 188）。价格是旅游者决策时非常看重的因素，同样的产品，选择低价格是旅游者的理性选择，因而高效配置旅游资源并制定有竞争力的旅游价格对旅游目的地来说也很关键（0. 156）。当旅游目的

地具有很强吸引力时，旅游入境人数自然而然增多（0.361），同时带来丰厚的旅游外汇收入（0.360），最终旅游目的地取得良好旅游业绩，旅游外汇收入占 GDP 比重越大（0.213），对国民经济的贡献越大。

各国每项指标的得分值除以该项指标的最大值得到同一度值表（见表3－3）。由表3－3可知，中国、东盟成员（本书主要研究新加坡、马来西亚、泰国、印度尼西亚、菲律宾、越南）与欧美国家（本书主要研究美国、法国、德国、奥地利、瑞士、瑞典）相比，总体上在各项竞争力指标上落后于后者。中国与东盟成员、欧美国家在规章制度、旅游产业地位和人力资源的差距不明显。国际旅游贸易的良性互动要求各国必须扩大对外开放度，必须重视旅游业的发展，依托人力资源提供优质旅游服务，因此，发展国际旅游业的国家必然加大对规章制度、人力资源的建设，强化旅游业在国家经济体系中的产业地位。中国和东盟成员在经济条件、商业环境和基础设施方面则和欧美国家存在较为明显的分异。欧美国家凭借雄厚经济实力对旅游业发展注入更多资金，从而在资源开发、商业环境和基础设施建设更具竞争力；而中国和东盟成员普遍在路面交通设施、旅游基础设施和通信设施方面呈现薄弱之态。中国与东盟成员普遍的低人均 GDP 对国民出境旅游起到阻碍作用进而影响国际旅游贸易互动的深入进行。在价格竞争力方面，东盟成员中的新加坡、马来西亚、泰国、印度尼西亚和菲律宾因旅游价格更低获得高分值从而更具有价格竞争优势，中国和越南的价格竞争力则相对处于劣势，欧美国家价格竞争力处于中等水准。在竞争力最终体现的旅游业绩方面，欧美国家在入境游客规模以及花费方面则比中国和东盟国家更具优势。

表 3-3 各国各项指标同一度值

一级指标	二级指标	指标值												
		中国	新加坡	马来西亚	泰国	印度尼西亚	菲律宾	越南	美国	法国	德国	奥地利	瑞士	瑞典
A_1	A_{11}	0. 298	0. 012	0. 014	0. 018	0. 036	0. 011	0. 006	1. 000	0. 181	0. 233	0. 026	0. 034	0. 031
	A_{12}	0. 050	0. 582	0. 114	0. 060	0. 035	0. 027	0. 015	0. 729	0. 648	0. 625	0. 701	1. 000	0. 752
A_2	A_{21}	0. 679	1. 000	0. 874	0. 748	0. 659	0. 745	0. 675	0. 871	0. 838	0. 904	0. 844	0. 864	0. 881
	A_{22}	0. 647	0. 846	0. 788	0. 703	0. 601	0. 683	0. 644	0. 703	0. 925	0. 964	0. 938	0. 977	1. 000
	A_{23}	0. 686	0. 975	0. 806	0. 686	0. 695	0. 635	0. 746	0. 708	0. 857	0. 968	0. 994	1. 000	0. 962
	A_{24}	0. 609	0. 837	0. 725	0. 722	0. 695	0. 633	0. 657	0. 825	0. 985	0. 970	1. 000	0. 962	0. 893
	A_{25}	0. 805	1. 000	0. 736	0. 762	0. 673	0. 587	0. 667	0. 805	0. 838	0. 690	0. 901	0. 941	0. 677
A_3	A_{31}	0. 643	0. 781	0. 712	0. 652	0. 489	0. 464	0. 417	1. 000	0. 859	0. 856	0. 677	0. 787	0. 787
	A_{32}	0. 604	0. 997	0. 637	0. 509	0. 384	0. 387	0. 482	0. 811	0. 985	1. 000	0. 875	0. 991	0. 857
	A_{33}	0. 364	0. 679	0. 582	0. 628	0. 350	0. 473	0. 321	0. 926	0. 862	0. 828	1. 000	0. 951	0. 696
	A_{34}	0. 555	0. 863	0. 559	0. 635	0. 368	0. 385	0. 548	0. 880	0. 849	0. 900	0. 819	0. 963	1. 000
	A_{35}	0. 585	0. 813	0. 990	0. 924	1. 000	0. 927	0. 536	0. 723	0. 543	0. 647	0. 657	0. 612	0. 606
A_4	A_{41}	0. 838	0. 896	0. 874	0. 806	0. 828	0. 777	0. 838	0. 942	0. 877	0. 896	0. 903	1. 000	0. 916
	A_{42}	0. 820	1. 000	0. 925	0. 915	0. 776	0. 807	0. 871	0. 736	0. 800	0. 776	0. 922	0. 858	0. 800
	A_{43}	0. 847	0. 546	0. 651	0. 666	0. 653	0. 485	0. 557	1. 000	0. 853	0. 961	0. 850	0. 907	0. 871
B_1	B_{11}	0. 661	0. 103	0. 263	0. 187	0. 075	0. 039	0. 053	0. 698	1. 000	0. 311	0. 268	0. 103	0. 069

续表

一级指标	二级指标	指标值												
		中国	新加坡	马来西亚	泰国	印度尼西亚	菲律宾	越南	美国	法国	德国	奥地利	瑞士	瑞典
B_1	B_{12}	0.398	0.103	0.143	0.171	0.060	0.032	0.039	1.000	0.513	0.362	0.190	0.140	0.111
	B_{13}	0.333	0.534	0.295	0.497	0.446	0.450	0.403	0.796	0.286	0.648	0.395	0.756	1.000
	B_{14}	0.146	0.777	1.000	0.904	0.174	0.298	0.676	0.097	0.276	0.151	0.708	0.405	0.342

依据各国投入和产出要素竞争力水平绘制散点图（见图3－1），分别以投入值0.280和产出值0.045为分界点划分四个象限区域，进而可对各国旅游服务贸易竞争力进行一定的归类。结合同一度值表（见表3－3）和投入产出对比进一步深入挖掘各二级指标的旅游竞争力要素优劣势及其改进方向。首先，美国、法国、德国、中国、奥地利、瑞士、新加坡属于投入和产出双高国家，重视旅游竞争力培育，取得良好旅游业绩，且旅游竞争潜力大，竞争优势明显。美国、法国、德国、奥地利、瑞士在各项指标的分值高，竞争力强；中国幅员辽阔，拥有丰富优质的旅游资源，近年来旅游业发展迅速，除了旅游基础设施建设略显薄弱以及旅游业价格优势不明显以外，旅游业总体发展势头好；新加坡是一个多元文化并存的极具包容性的国家，对外开放度高，经济发达，旅游产业地位高，重视投入要素进行旅游业建设，虽旅游资源优势不够明显，但仍具有较高的竞争力水平。其次，瑞典处于高投入、低产出的水平。瑞典

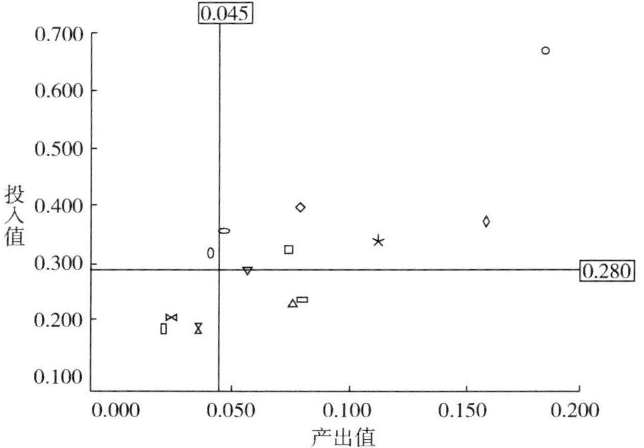

图3－1　各国投入产出竞争力比较散点示意

经济发达，规章制度完善，旅游资源丰富，旅游设施完备，具有发展旅游的良好基础，但是和欧美其他五个国家相比，入境旅游规模和外汇创收能力略显薄弱，亟待进一步扩大入境旅游规模。再次，泰国和马来西亚的旅游竞争力具有投入低而产出高的特征。马来西亚和泰国虽然在商业环境和基础设施方面的投入略显薄弱，但凭借旅游资源和价格优势取得良好业绩，现实旅游竞争力强，但仍需加强旅游系统建设提升竞争潜力。最后，越南、菲律宾和印度尼西亚属于投入和产出双低型国家，旅游竞争力系统建设不足，对外旅游吸引力有待进一步加强。

三　结论和讨论

在决定旅游服务贸易竞争力的诸多因素中，旅游资源、经济水平、路面交通设施、旅游基础设施和旅游业在各国的产业地位是重要的影响因素，放大积极作用抑或解决不利瓶颈，抓住关键因素有的放矢地加强旅游目的地建设是提升其旅游服务贸易竞争力的有效途径。

中国和东盟 6 个成员的旅游服务贸易竞争力总体弱于欧美 6 个国家。根据旅游服务贸易竞争力水平分析，可把中国、东盟 6 个成员和欧美 6 个国家分为三层次的竞争格局：以欧美 6 个国家以及中国和新加坡为代表的领先国家，以马来西亚和泰国为代表的中等水平国家，以及以越南、菲律宾和印度尼西亚为代表的后发国家。

在中国—东盟自由贸易区框架下，中国和东盟各成员要实现旅游良性互动的目标，从旅游竞争力提升要素分析，致力于经济建设且重视旅游业发展是互动先决条件；应加大对外开放度，加强多方合作，创造和平往来的国家关系是旅游贸易互动的制度保障；然后从引力和推力两方面着手推进互动。在引力方面，中国和东盟各成员均需加强自身旅游系统建设，深挖旅游资源吸引力，加大旅游建设投入，优化旅游环境以及完善旅游基础设施。和东盟各成员相比，中国的国际旅游业优势明显，但仍需在商业环境和基础设施方面加大投入和建设的力度，高效配置旅游资源要素，提升旅游价格竞争优势。在推力方面，中国与东盟各成员则需以发展经济作为引擎，提高国民收入水平，为国民的出境旅游创造有利经济条件。

当中国与欧美国家旅游互动时，互动双方差异显著的旅游资源特色是互动的前提。为了吸引更多的欧美国家旅游者，中国需要不断完善环境可持续发展、安全保障和健康卫生的规章制度，为旅游者提供良好的自然和人文环境保障；在航空、路面、基础设施和通信设施等方面加大建设力度，以舒适便捷的服务提升旅游者旅游体验。同时，中国日益强大的国力则是国人出境旅游的有力支撑。

第四章　中国旅游服务进出口互动机制分析

第一节　旅游服务进出口互动的含义和特征

一　旅游服务进出口互动的含义

美国著名经济学家理查德·库帕认为，相互依赖指的是一个国家的经济运行对另一个国家的经济运行的双轨的、相互的作用和影响程度，这种依赖是双方面的传递或相互依赖，而不是单向传递或片面依赖。源于相互依赖理论，李欣广（2005）提出的经济互动指的是，不同国家（或地区）间为发展开放型经济而利用现实的与潜在的相互依赖关系，开展多方面的经济合作，并在合作中推进相互依赖的综合动向。如果说相互依赖概念揭示了一种客观的现象与趋势，那么经济互动就是一种国际寻求分工与交流而利用与推进相互依赖关系的行为趋向，因此，相对于“相互依赖”，“经济互动”概念更具有行为性和动态性。李欣广教授提出的经济互动理论可为理解旅游服务进出口互动含义提供理论借鉴。我们可把旅游服务进出口互动界定为：存在依赖关系的不同国家为发展开放型经济而利用现实的与潜在的相互依赖关系和资源，依据某种共同认定的合作方式开展旅游服务贸易合作，相互成为旅游服务进出口国，并在合作中进一步推进相互依赖的行为动向。

旅游服务进出口互动主要由互动主体、互动目标、互动内容和互动模式四个要素组成。从互动主体看，旅游服务进出口互动主体指的是旅游服务贸易互动国家政府、旅游企业、旅游者三部分，三大互动主体相互采取行动，在旅游目的地与客源地之间、客源地之间、目的地之间构成多层次、多元化的互动体系；在互动目标方面，不同国家实施对外开放，开展旅游服务进出口互动，其目标在于：利用不同国家之间存在的现实与潜在的相互依赖关系和资源，互动双方进行长期合作，优势互补，互惠互利，共同发展，以合作互动实现共同的经济效益、社会效益、生态效益，合作互动的效益比不互动的单独效益加总更大，合作互动是一种帕累托改进。不同国家之间旅游服务进出口互动内容丰富，包括旅游资源优化重组和共享、共同开发建设旅游产品体系、区域旅游功能合理分工、基础设施共建共享、旅游交通通道互联互通、联合促销营销、共同开拓与互换旅游客源市场、旅游企业合作和优化重组、信息共享、共同培养旅游人才以及共同构建塑造互动国家旅游整体形象等方面。旅游服务进出口良性互动离不开构建和选择合适的互动模式，关于旅游服务进出口互动模式的内容将在下一章节详细阐述。

二　旅游服务进出口互动的特征

粟路军和黄福才（2010）在研究城乡旅游互动时，把城乡旅游互动发展的特征归结为以下四方面：市场重叠为根本属性、城乡差异为前提条件、旅游流互流为外部特征、共同发展为基本目标。借鉴前人的研究成果，结合国家之间旅游服务进出口互动发展的实际，把旅游服务进出口互动的特征同样总结为市场重叠、区域差异、旅游客流、发展目标四方面。

（一）市场重叠是本质属性

国家之间旅游服务进出口互动的开展最根本的原因在于不同国家之间一定程度上存在市场重叠。市场重叠指的是一地区同时为客源地与目的地（粟路军和黄福才，2010）。旅游服务进出口互动市场重叠意味着不同国家之间相互成为旅游客源地和目的地，即一国既是其他国家的旅游客源地，为对方输送客源，同时也是其他国家的旅游目的地，争取对方的客源。市场重叠使得不同国家之间有着千丝万缕的联系，旅游服务进出口互动成为可能，意味着依赖于市场重叠的关系，不同国家之间合作大于竞争，通过战略合作而非竞争对手的关系实现良性互动。

（二）区域差异是基本前提

不同国家之间在长期发展过程中，由于地理区位、自然环境、历史发展、经济水平、思想意识、生活方式等方面普遍存在差异，因而有各具特色的自然和人文景观。资源差异性是引致旅游活动的基本前提，旅游者离开本国进行国际旅游活动的主要目的在于体验不同国家的异域景观和风情，因此，区域差异是形成大规模国际旅游流、引起旅游服务进出口互动的基本前提。

（三）旅游客流互流是外部特征

国家政府、旅游企业和国际旅游者是旅游服务进出口互动的行为主体，三大主体的行为方式决定了互动的方式和特点。而政府、旅游企业的互动行为是否有成效，最终表征是旅游者的活动行为，体现在旅游者活动位移形成的旅游客流方面。国际旅游客流的互动效应，是指国际旅游客源在关系密切的国家之间相互移动的特征，旅游客流相互移动的一对国家，或有民族的亲缘关系，或有相同的语言文字，或有较密切的政治经济联系，或有相同的宗教信仰[①]。因此，我们可以说旅游客流互流是旅游服务进出口互动的外部特征。旅游流是一个包含旅游客流、旅游信息流、旅游物流和旅游能流的复杂系统，在该系统中，信息流是其他旅游流产生的前提条件，在信息流的引导下，产生旅游客流；旅游客流是旅游流系统的主体，一个国家发展旅游业吸引入境旅游者形成旅游服务出口，与此同时本国的旅游者出境旅游形成的是旅游服务进口，旅游服务进出口互动引致旅游物流和旅游能流的相伴相生。

（四）共同发展是核心目标

世界各国普遍把旅游业作为实现本国经济发展的重要方式和路径。在发展旅游业的过程中，各国进行旅游服务进出口互动，根本目的在于通过区域差异的吸引力，利用互相成为旅游客源地和目的地的市场重叠，寻求旅游合作，扩大旅游业的市场空间，实现旅游业的优化发展，以合作非竞争方式实现共同发展。共同发展是旅游服务进出口互动的核心目标。

第二节　旅游服务进出口互动的意义

在经济全球化和区域经济一体化的背景下，旅游服务进出口互动已成为一种重要而普遍的经济现象，不同国家之间发展旅游服务进出口互动，具有多重积极意义。

一　旅游服务进出口互动的经济意义

旅游服务进出口互动具有显著的经济意义。第二次世界大战

① 国家旅游局旅游促进与国际合作司、中国旅游研究院：《中国入境旅游发展年度报告 2012》，旅游教育出版社 2012 年版。

后，全球性的旅游活动开始展开并获得大发展。在以和平与发展为主题的国际环境下，随着经济的发展和收入的提高，旅游活动尤其是跨境的国际旅游活动成为当代社会经济活动的主要组成部分。旅游者跨越国境的旅游活动使得不同国家之间不可避免产生了相互影响的依赖关系，国家之间有意识地利用这种依赖关系发展旅游服务进出口互动关系，相互输送客源，可以使国家内部的旅游经济活动由无序发展转为有序发展，多方节约成本，提高经济效率和效益。首先，互动各方通过景区开发建设、旅游产品设计开发、旅游交通和饭店等旅游基础设施以及公共设施的共建和共享，以一体化开发的方式实现“规模效应”，减少重复开发旅游景区、产品造成的浪费，以合作方式发挥比较优势提高资源利用效率，达到节约成本的目的；其次，互动各方共同开拓客源市场，联合营销，共塑旅游形象，共建共享旅游品牌、营销团队和销售渠道，以共同开拓市场的方式联合互动节约开拓市场的成本，有利于扩展合作互动方旅游市场空间，促进合作互动方旅游经济空间秩序的优化，从而进一步促进合作互动方旅游经济的共同发展；最后，互动各方共建旅游信息平台，实现信息共享，取得学习效应从而提高运营效率。

二 旅游服务进出口互动的政治文化意义

经济全球化和区域一体化的浪潮指向建立国际共同体。通向国际共同体的道路就是建立一个相互交往的网络，国家间相互作用越多，越能感知国家之间相互作用的重要性，对相互作用的感知会促进相互信任，进而形成新的相互间关系和一种新的生活方式（刘颖，2005）。毫无疑问，国际旅游的开展具有创建相互作用和促进相互信任的天然优势。通过国家之间的旅游互动带来的国际旅游活动的发展在带来经济效益的同时，必然同时产生积极的政治文化效益。国际旅游业发展引致国家之间有意识地开展旅游服务进出口良性互动关系，不同国家之间的良好互动反过来又进一步催生旅游者出入境旅游欣欣向荣。随着国际旅游者频繁地在不同国家之间的游走，互动国家的人们频繁接触，以旅游方式促进不同社会文化的理解和包容，有利于减少不同国家之间的社会文化冲突，增进理解和互信。在世界范围内，某些国家之间仍然存在因为历史或现实原因而形成的紧张态势，由于旅游活动自发产生的特性，能够通过交往产生认同感和互信感，产生由民间催生的“自下而上”的推动力，促使国家层面寻求改善国家关系、增进互信和共同发展的合作机制。国家间旅游互动社会文化功能的发挥在一定程度上有利于改善互动合作方的国际关系，有利于促进世界的和平与发展。

第三节　中国旅游服务进出口互动机制分析

我国与世界各国普遍而频繁地进行旅游服务进出口互动，以期通过互动提高我国旅游服务贸易竞争力水平，促进旅游产业发展，进而提高旅游经济水平。旅游服务进出口互动顺畅程度是决定一国旅游竞争力水平的关键，国际旅游服务进出口互动越顺畅，越有利于旅游要素国际高效配置，越有利于形成大规模的国际旅游流，越有利于旅游服务贸易竞争力水平的提高。因此，有必要对旅游服务进出口互动的机制进行分析，理清国家间进行旅游服务贸易的交互活动过程，挖掘互动机制的影响要素，勾勒出旅游服务进出口互动机制的全貌。所谓旅游服务进出口互动机制是指影响国家间旅游服务进出口的各种要素相互联系、相互依赖、相互影响而形成的动态协调发展的过程。

一 旅游服务进出口互动概念模型的构建

旅游服务进出口互动的产生和发展主要取决于互动国家的旅游吸引力，基于提高旅游吸引力进而促进旅游业绩产出的目的，互动国家将致力于旅游引力系统建设，投入各种资源要素以增强旅游吸引力。上一章所构建的旅游服务贸易竞争力评价指标体系把旅游服务贸易竞争力分为显示性指标和分析性指标，为了得到旅游服务贸易竞争力最直接的显示性结果——旅游业绩，互动国家投入各种竞争资源要素，如经济要素、规章制度、人力资源和旅游资源、商业环境和基础设施，以此提升本国旅游吸引力进而能吸引国际旅游者产生旅游业绩，提高旅游服务贸易竞争力水平。因此，可把旅游服务贸易竞争力评价指标中的分析性指标作为旅游引力系统的投入要素，构建旅游服务进出口互动的概念模型（见图4－1）。

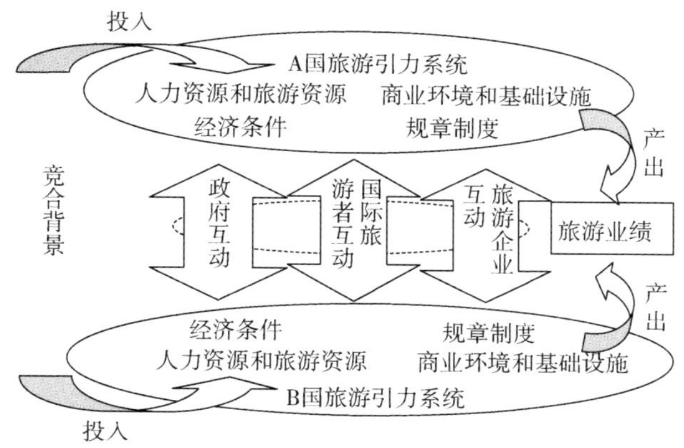

图4－1 基于竞争力因素的旅游服务进出口互动概念模型

如图4－1所示，在竞争与合作交织作用的竞合背景下，假设A国与B国存在相互依赖的旅游服务进出口互动关系，出于利用重叠市场而相互输送客源的目标，在政府互动和旅游企业互动的带动下，A 国和 B 国投入经济要素、规章制度、人力资源和旅游资源、商业环境和基础设施等引力要素，提升本国旅游吸引力，从而产生国际旅游者互动，进而 A 国和 B 国产生旅游业绩，两国产生良性的旅游服务进出口互动。

二 旅游服务进出口互动系统的构成

旅游服务进出口互动系统是个动态发展的巨系统，该系统是由竞合系统、旅游贸易国家政府互动系统、旅游企业互动系统、国际旅游者互动系统、旅游引力系统五个子系统构成的相互依托、相互影响和协同发展的具有稳定结构和功能的综合巨系统。

竞合系统由对国家之间旅游服务进出口互动产生影响的各类因素构成，影响因素既有竞争因素，也包含合作因素；因素既存在于互动巨系统的外部，也活跃于互动巨系统的内部。竞争和合作因素包括政治、经济、文化、地理区位、旅游资源等综合要素，竞争在一定程度上抑制削减互动，合作促进互动发展。国家之间互动程度的强弱主要由竞争因素和合作因素交互作用展开，当竞争大于合作时，国家之间的旅游互动减弱，而合作大于竞争时，旅游互动增强。国家之间政治关系紧张、经济封闭、文化排斥、旅游资源相似性程度高则使国家之间旅游互动环境恶化，互动减弱，而国家之间政治关系良好、经济开放、文化认同、旅游资源互补性强则易产生国家之间旅游市场的重叠，旅游互动则得到增强。

政府、旅游企业和国际旅游者是互动行为主体，分别组成政府互动子系统、旅游企业互动子系统和国际旅游者互动子系统。政府、旅游企业和国际旅游者作为互动巨系统的三大行为主体，在实施互动过程中有着不同的利益诉求。各级政府作为国家或地方整体利益的代表，其利益诉求主要表现在通过寻求区域旅游良性互动，从而实现区域旅游整体效益最大化。通过一国经济的发展，为本国国民提供稳定的就业资源和渠道，提升社会文明程度，优化社会整体环境，提升国家综合实力，政府有着很强的政治诉求动机。政府通过互动方式实现国家之间旅游合作，可在更广阔领域内合理规划自然、人文、资本、人力、技术等资源，实现本国旅游资源的优化配置和高效利用，通过互动方式实现旅游产业高就业率、关联带动性强的功能，以旅游实现经济、社会和生态的协调发展。旅游企业则希望通过国家之间的旅游互动实现企业经济利益最大化的诉求。通过国家间顺畅的旅游互动，旅游企业跨越国界生产要素，结成企业战略联盟，在产品生产、服务营销、价格、技术等方面获得规模经济和范围经济的优势，降低成本，避免恶性竞争性消耗，以产品生产的扩张获得更丰厚的经济利益。国际旅游者是旅游互动系统形成和发展的最原始和直接的动力，国际旅游者之所以愿意投入一定的时间、金钱和精力成本，其利益诉求在于获得异国他乡良好的综合旅游体验。这种旅游体验不仅体现在享受到异国他乡独特的自然人文风情，更体现于旅途中的安全保障、优质服务、合理价格以及多样化旅游产品，“吃住行游购娱”的满足可谓是旅游者诉求的最大体现。政府、旅游企业和国际旅游者是否采取旅游互动行为、如何采取互动行动皆围绕着效益最大化的目的展开。当互动能很大程度上满足政府的政治利益诉求、旅游企业的逐利诉求以及国际旅游者旅游体验诉求时，三大行为主体展开互动；若互动无法实现三大行为主体的利益诉求，互动则难以进行。政府、旅游企业和国际旅游者的互动行为既在各自子系统发生，也因各自利益诉求有结合点而在三个子系统之间产生相互影响和相互作用的联系。

国际旅游引力系统包括旅游资源、旅游基础设施和公共设施、旅游服务质量以及自然人文环境等要素。政府、旅游企业和国际旅游者互动系统的行为互动取决于国际旅游引力系统的引力强度。

三　旅游服务进出口互动机制传导路径分析

20世纪50年代美国的Forrester教授开创性地将计算机科学和反馈控制理论应用于社会、经济等系统研究，由此一门研究信息反馈复杂系统动态行为的交叉学科——系统动力学应运而生，依据结构决定功能的系统论观点，重在揭示变量之间因果与相互关系的反馈回路模型成为系统动力学分析的重要内容之一（欧阳峣和陈修谦，2009）。竞合子系统、旅游贸易国家政府互动子系统、旅游企业互动子系统、国际旅游者互动子系统和旅游引力子系统相互依托，相互影响和作用，共同推动旅游服务进出口互动巨系统动态协同发展。以旅游服务进出口互动巨系统的各个子系统为主要内容，对旅游服务进出口互动概念模型进一步拓展，构建旅游服务进出口互动机制反馈回路图，可有效分析互动机制的传导路径，厘清互动巨系统的互动联系。竞合子系统各个竞争要素和合作要素作为环境因素，均会对旅游服务进出口互动巨系统其他四个子系统产生制约或促进互动的影响，难以形成反馈回路，故构建的旅游服务进出口互动机制反馈图仅把竞合子系统作为分析的外生影响变量，贸易国家政府互动子系统、旅游企业互动子系统、国际旅游者互动子系统和旅游引力子系统的因素为内生影响变量，故互动机制反馈图包括贸易国家政府互动子系统、旅游企业互动子系统、国际旅游者互动子系统和旅游引力子系统（见图4－2）。

在旅游服务进出口互动机制反馈回路图（见图4－2）中，假设存在两个旅游服务贸易国家A和B，A国和B国是否进行旅游服务进出口互动？如何互动？在竞合背景下，在国家间政治、经济、文化、地理区位、旅游资源等竞合因素综合影响下，政府、旅游企业和国际旅游者三大互动行为主体根据效益最大化原则，审时度

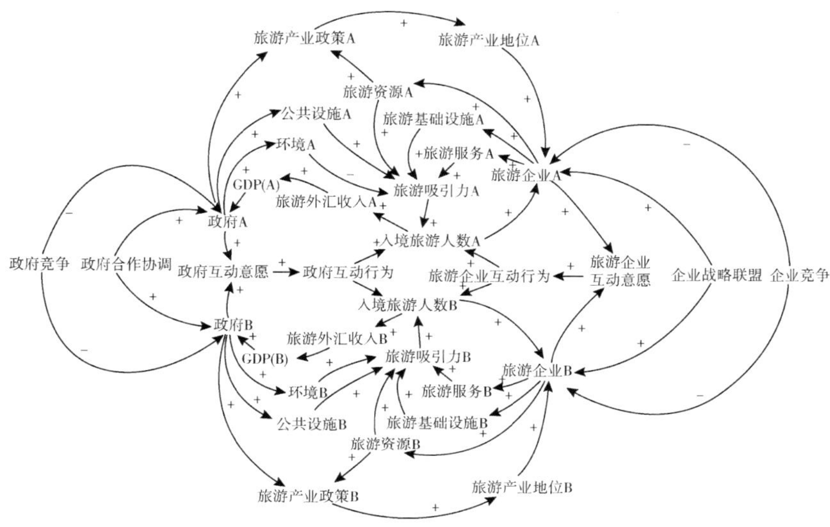

图 4－2　旅游服务进出口互动机制反馈回路示意

势，采取行动，并作用于旅游引力客体子系统，形成相互作用和相互影响的反馈回路。运用系统动力学软件的反馈回路工具对图 4－2 进行结构分析，以此深入阐述政府、旅游企业和国际旅游者三大主体的互动行为。这三大行为主体在外生变量竞合子系统的影响下产生正向或负向的互动行为，因此在三大行为主体的行为传导机制分析中，分为合作背景下的互动行为传导机制和竞争背景下的传导机制两部分。

（一）政府互动行为传导机制

选择“政府互动行为”作为工作变量进行回路分析，得到关于该工作变量的 6 个因果（反馈）循环（见表 4－1）。

首先，假设互动系统面临的是合作的背景，即 A 和 B 两国面临的是合作的利好因素，如两国间政治关系得到改善、经济发展具有互补性、经贸联系往来密切、交通便捷、旅游资源有合作互动的空间、两国存在客源市场等。

表 4-1　“政府互动行为”的反馈回路

工作变量	回路	反馈回路线路
政府互动行为	回路 1	入境旅游人数 A—旅游外汇收入 A—GDP（A）—政府 A—政府互动意愿
	回路 2	入境旅游人数 B—旅游外汇收入 B—GDP（B）—政府 B—政府互动意愿
	回路 3	入境旅游人数 A—旅游企业 A—旅游企业互动意愿—旅游企业互动行为—入境旅游人数 B—旅游外汇收入 B—GDP（B）—政府 B—政府互动意愿
	回路 4	入境旅游人数 B—旅游企业 B—旅游企业互动意愿—旅游企业互动行为—入境旅游人数 A—旅游外汇收入 A—GDP（A）—政府 A—政府互动意愿
	回路 5	入境旅游人数 A—旅游外汇收入 A—GDP（A）—政府 A—旅游产业政策 A—旅游产业地位 A—旅游企业 A—旅游企业互动意愿—旅游企业互动行为—入境旅游人数 B—旅游外汇收入 B—GDP（B）—政府 B—政府互动意愿
	回路 6	入境旅游人数 B—旅游外汇收入 B—GDP（B）—政府 B—旅游产业政策 B—旅游产业地位 B—旅游企业 B—旅游企业互动意愿—旅游企业互动行为—入境旅游人数 A—旅游外汇收入 A—GDP（A）—政府 A—政府互动意愿

注：关于反馈回路的说明：例如在回路 1 中，在影响政府互动行为的因素中，从入境旅游人数 A 开始，入境旅游人数 A 影响旅游外汇收入 A，旅游外汇收入 A 影响 GDP（A），GDP（A）影响政府 A，政府 A 影响政府互动意愿，政府互动意愿影响政府行为，而政府互动行为接着影响入境旅游人数 A，由此反复循环。

回路 1 中，在合作利好背景下，随着进入 A 国的 B 国旅游者人数的增多，A 国旅游外汇收入相应增加，旅游外汇收入的增加对 A 国的 GDP 作出了突出贡献，由此国际旅游引起 A 国政府的重视，基于合作比不合作能带来更大经济利益和更大发展的目的，A 国政府产生了和 B 国进行旅游互动的意愿，在互动意愿的驱动下，加强旅游合作协调，由此产生政府互动行为。而随着政府合作互动行为的切实展开，又进一步增加了进入 A 国的 B 国旅游者。

回路 2 分析思路如回路 1，为 B 国政府互动行为产生的反馈回路。

回路 1 和回路 2 中的政府互动在政府互动子系统和国际旅游者互动子系统之间发生，其中，政府是驱动互动的行为主体，互动国家政府主动和对方采取互动行为。总体而言，政府对两国旅游服务进出口互动的主导，将引发两国游客的移动，相互成为旅游客源地和旅游目的地，由此都带来两国入境旅游人数的增长，入境旅游人数的增长带来旅游外汇收入的大幅提高，进而增加一国 GDP 总量，一国经济的增长将更增强政府之间旅游互动的信心，更进一步加强互动。

回路 3 中，对于 A 国而言，随着来自 B 国的旅游者增加，A 国旅游企业嗅到商机，意识到和 B 国旅游企业结成战略联盟更能放大两国企业的经济利益，遂产生和 B 国旅游企业合作互动意愿，采取互动行为，利用双方客源市场的重叠性，相互输送客源，于是 A 国旅游者到 B 国旅游的人数增加，B 国赚取到的旅游外汇总量规模扩大，对 B 国 GDP 的贡献突出，B 国政府意识到国际旅游业的重要性，产生和 A 国政府加强合作互动的意愿，从而驱动两国政府互动行为产生。在合作利好背景的不断刺激下，该循环回路持续得到加强。

回路 4 反馈回路过程如回路 3，两国政府互动行为始于 B 国企业，最终由 A 国政府牵头促成两国政府旅游的互动。

回路 3 和回路 4 中的政府互动在政府互动子系统、旅游企业互动子系统和国际旅游者互动子系统之间发生，在这两个反馈回路中，一国政府是否采取互动行为取决于另一国旅游企业的互动行为。

回路 5 中，从 A 国开始，B 国旅游者到 A 国旅游，进而带来 A 国旅游外汇收入的增长，由此带动 A 国 GDP 增长，A 国政府看到发展国际旅游业的前景，颁布旅游产业发展政策，提升旅游产业在 A 国的地位，A 国旅游企业捕捉到旅游商机以及和 B 国旅游企业合作的利好信号，遂产生和B国旅游企业互动意愿，结成战略合作联盟，实施互动行为，由此A国旅游者到B国旅游的人数增长，B国赚取到的旅游外汇总量规模扩大，对B国GDP的贡献突出，B国政府意识到国际旅游业的重要性，产生和A国政府加强合作互动的意愿，从而驱动两国政府互动行为产生。在合作利好背景的不断刺激下，该循环回路持续得到加强。

回路6反馈回路过程如回路5，两国政府互动行为始于B国政府的发展旅游行为，经由两国旅游企业互动，最终由A国政府牵头促成两国政府旅游互动。

回路5和回路6中的政府互动在政府互动子系统、旅游企业互动子系统和国际旅游者互动子系统之间发生。在这两个反馈回路中，在入境旅游者的刺激下，一国政府主动发展旅游业，旅游企业在政府扶持下进行跨国互动，从而驱动另一国政府实施跨国旅游协作行为。

在合作背景下，回路1至回路6在合作利好因素的激励下，具有正向反馈特征。在竞争背景下，对政府互动行为传导机制中的回路1至回路6的分析如合作背景分析过程，但竞争因素对反馈回路起到抑制的作用，回路具有负向反馈特征。如果竞合子系统的竞争因素作用显著，如两国间政治关系紧张，将可能导致两国间经贸联系减弱，一定程度上抑制两国政府之间在国际旅游贸易上进行合作，旅游互动从而受阻；而若两国间政府无合作意愿或合作意愿不强烈，则会反过来导致两国间在旅游市场上更激烈的竞争，竞争因素在国家政府互动方面产生负反馈回路。

（二）旅游企业互动行为传导机制

选择“旅游企业互动行为”作为工作变量进行回路分析，得到关于该工作变量的8个因果（反馈）循环（见表4－2）。

现在分析合作背景下的反馈回路。

表4－2　　　　“旅游企业互动行为”的反馈回路

工作变量	回路	反馈回路线路
企业互动行为	回路1	入境旅游人数A—旅游企业A—企业互动意愿
	回路2	入境旅游人数B—旅游企业B—企业互动意愿
	回路3	入境旅游人数A—旅游外汇收入A—GDP（A）—政府A—旅游产业政策A—旅游产业地位A—旅游企业A—旅游企业互动意愿
	回路4	入境旅游人数B—旅游外汇收入B—GDP（B）—政府B—旅游产业政策B—旅游产业地位B—旅游企业B—旅游企业互动意愿
	回路5	入境旅游人数A—旅游外汇收入A—GDP（A）—政府A—政府互动意愿—政府互动行为—入境旅游人数B—旅游企业B—旅游企业互动意愿
	回路6	入境旅游人数B—旅游外汇收入B—GDP（B）—政府B—政府互动意愿—政府互动行为—入境旅游人数A—旅游企业A—旅游企业互动意愿
	回路7	入境旅游人数A—旅游外汇收入A—GDP（A）—政府A—政府互动意愿—政府互动行为—入境旅游人数B—旅游外汇收入B—GDP（B）—政府B—旅游产业政策B—旅游产业地位B—旅游企业B—旅游企业互动意愿
	回路8	入境旅游人数B—旅游外汇收入B—GDP（B）—政府B—政府互动意愿—政府互动行为—入境旅游人数A—旅游外汇收入A—GDP（A）—政府A—旅游产业政策A—旅游产业地位A—旅游企业A—旅游企业互动意愿

回路1中，对于A国来说，随着来自B国的旅游者的增加，A国旅游企业嗅到商机，基于合作比不合作能带来更大效益的考虑，产生和B国旅游企业互动意愿，结成战略协作联盟，采取互动行为，从而驱动更多旅游者在两国间流动。回路2为B国旅游企业互动行为，分析过程如回路1。

回路1和回路2在旅游企业互动子系统和国际旅游者互动子系统中发生，旅游企业是驱动互动的行为主体，互动国家企业主动和对方互动实施合作。当两国旅游企业面临的是合作的利好背景，两国旅游企业结成战略联盟更能放大两国企业的经济利益，两国的旅游企业将产生互动意愿，采取互动行为，利用双方市场重叠的特性，合作开发国际旅游市场，入境旅游人数增加，旅游企业获利，尝到合作互动甜头的旅游企业将进一步强化两国企业合作互动的意愿并采取互动行为措施。

回路 3 中，对于 A 国来说，来自 B 国旅游者数量增加，A 国获取的旅游外汇收入对本国 GDP 作出了突出贡献，这引起 A 国政府重视，颁布实施旅游产业政策，提升旅游业在本国的产业地位，A 国旅游企业在政府支持的利好政策激励下，产生和 B 国旅游企业互动意愿，进而实施互动行为，更进一步推动 A 国入境旅游发展。回路 4 是 B 国旅游企业的反馈回路，分析过程如回路 3。

回路 3 和回路 4 中，旅游企业互动行为在企业互动子系统、政府互动子系统和国际旅游者互动子系统中运行，两国旅游企业的互动行为在两国政府发展本国旅游业的引导下进行。

回路 5 中，对于 A 国而言，来自 B 国的旅游者增加，A 国获取的旅游外汇收入对本国 GDP 作出了突出贡献，这引起 A 国政府重视，A 国政府意识到和 B 国合作的重要性，产生和 B 国政府合作互动意愿，和 B 国达成合作协议，实施政府间的互动行为。在政府合作的正向影响下，进入 B 国的 A 国旅游者增加，B 国旅游企业嗅到商机，产生和 A 国旅游企业合作互动意愿，二者达成合作意向并实施互动行为，进一步推动两国间跨国旅游业发展。回路 6 的分析从 B 国开始，最终回路到 A 国旅游企业采取互动行为，分析思路如回路 5。

回路 5 和回路 6 中，旅游企业互动行为在企业互动子系统、政府互动子系统和国际旅游者互动子系统中运行。一国旅游企业是否采取互动行为，始于另一国政府的互动行为。

回路 7 中，对于 A 国而言，来自 B 国的旅游者增加，A 国赚取的旅游外汇收入对本国 GDP 作出了突出贡献，这引起 A 国政府重视，A 国政府意识到和 B 国合作的重要性，产生和 B 国政府合作互动的意愿，和 B 国达成合作协议，实施政府间的互动行为。在政府合作的正向影响下，进入 B 国的 A 国旅游者增加，B 国赚取的旅游外汇收入对 GDP 产生了积极贡献，在经济效益激励下，B 国政府更加重视本国旅游发展建设，实施旅游产业政策，旅游产业地位不断提升，由此驱动 B 国旅游企业产生和 A 国旅游企业互动意向，达成合作协议，实施互动行为，推动两国跨国旅游进一步发展。回路 8 的分析从 B 国开始，最终促成 A 国旅游企业采取互动行为，回路分析过程同回路 7。

回路 7 和回路 8 中，旅游企业互动行为在旅游企业互动子系统、政府互动子系统和国际旅游者互动子系统中运行。一国旅游企业是否采取互动行为，始于另一国政府的互动行为，而本国政府对旅游产业的扶持政策更是强化了本国旅游企业互动行为。

在合作背景下，回路 1 至回路 8 在合作利好因素的刺激下，具有正向反馈特征。在竞争背景下，旅游企业互动行为传导机制中的回路 1 至回路 8 分析如合作背景分析过程，但竞争因素对反馈回路起到抑制的作用，回路具有负向反馈特征。倘若旅游企业凭借敏锐的商业嗅觉察觉到两国间竞争因素的增强，如两国关系紧张或两国旅游企业有着共同的旅游市场，那么两国旅游企业的互动会受到影响，互动中断或者为了抢夺有限的市场而展开竞争，企业的竞争行为将反过来进一步强化竞争对互动的抑制效果。

（三）国际旅游者互动行为传导机制

选择 A 国部分进行分析。“国际旅游者互动行为”用“入境旅游人数”表示，选择“入境旅游人数 A”作为工作变量进行回路分析，得到关于该工作变量的 15 个因果（反馈）循环（见表 4-3）。

表 4－3　“国际旅游者互动行为”的反馈回路（A 国为例）

工作变量	回路	反馈回路线路
国际旅游者互动行为（入境旅游人数 A）	回路 1	旅游企业 A—企业互动意愿—旅游企业互动行为
	回路 2	旅游企业 A—旅游服务 A—旅游吸引力 A
	回路 3	旅游企业 A—旅游基础设施 A—旅游吸引力 A
	回路 4	旅游企业 A—旅游资源 A—旅游吸引力 A
	回路 5	旅游外汇收入 A—GDP（A）—政府 A—政府互动意愿 A—政府互动行为 A
	回路 6	旅游外汇收入 A—GDP（A）—政府 A—公共设施 A—旅游吸引力 A
	回路 7	旅游外汇收入 A—GDP（A）—政府 A—环境 A—旅游吸引力 A
	回路 8	旅游外汇收入 A—GDP（A）—政府 A—旅游产业政策 A—旅游产业地位 A—旅游企业 A—旅游服务 A—旅游吸引力 A
	回路 9	旅游外汇收入 A—GDP（A）—政府 A—旅游产业政策 A—旅游产业地位 A—旅游企业 A—旅游资源 A—旅游吸引力 A
	回路 10	旅游外汇收入 A—GDP（A）—政府 A—旅游产业政策 A—旅游产业地位 A—旅游企业 A—旅游基础设施 A—旅游吸引力 A
	回路 11	旅游外汇收入 A—GDP（A）—政府 A—旅游产业政策 A—旅游产业地位 A—旅游企业 A—旅游企业互动意愿—旅游企业互动行为
	回路 12	旅游外汇收入 A—GDP（A）—政府 A—政府互动意愿—政府互动行为—入境旅游人数 B—旅游企业 B—旅游企业互动意愿—旅游企业互动行为
	回路 13	旅游企业 A—企业互动意愿—企业互动行为—入境旅游人数 B—旅游外汇收入 B—GDP（B）—政府 B—政府互动意愿—政府互动行为
	回路 14	旅游外汇收入 A—GDP（A）—政府 A—政府互动意愿—政府互动行为—入境旅游人数 B—旅游外汇收入 B—GDP（B）—政府 B—旅游产业政策 B—旅游产业地位 B—旅游企业 B—旅游企业互动意愿—旅游企业互动行为
	回路 15	旅游外汇收入 A—GDP（A）—政府 A—旅游产业政策 A—旅游产业地位 A—旅游企业 A—旅游企业互动意愿—旅游企业互动行为—入境旅游人数 B—旅游外汇收入 B—GDP（B）—政府 B—政府互动意愿—政府互动行为

注：始于 B 国的旅游者互动行为传导机制和 A 国分析类似，在此省略反馈回路不再赘述。

对合作背景下的反馈回路进行分析。

回路1中，A国旅游企业产生和B国旅游企业战略协作联盟的意愿，并实施互动行为促使B国旅游者流入A国，与此同时跨境旅游者的涌入驱动A国旅游企业进一步加强互动。

回路2中，A国旅游企业加强旅游服务建设，通过提供高质量旅游服务以提升A国旅游吸引力，最终B国旅游者在A国旅游吸引力影响下进入A国旅游，进一步推动A国旅游企业的旅游建设行动。

回路3中，A国旅游企业加强旅游基础设施建设，通过酒店、餐饮、娱乐等旅游基础设施的完善，提升旅游吸引力从而吸引B国旅游者前来旅游消费，由此进一步推动A国旅游企业进行旅游建设。

回路4中，A国旅游企业进行旅游资源开发与建设，以形式多样的优质旅游产品提升A国旅游吸引力，吸引B国旅游者到来，而跨国旅游者的涌入进一步推动A国旅游企业进行旅游开发建设。

回路5中，B国旅游者到访带来的旅游外汇收入增加了A国GDP总量，A国政府意识到和B国旅游互动的重要意义，遂产生互动意愿并实施了互动行为，由此驱动两国互相输送客源，发生旅游者互动行为。

回路6中，B国旅游者到访带来的旅游外汇收入增加了A国GDP总量，A国政府意识到和B国旅游互动的重要意义，意识到要想吸引客源必先修炼内功的重要性，遂进行国内公共设施建设和完善，提升本国旅游吸引力从而吸引到更多B国旅游者。

回路7中，B国旅游者到访带来的旅游外汇收入增加了A国GDP总量，A国政府意识到和B国旅游互动的重要意义，意识到要想吸引客源必先修炼内功的重要性，遂进行国内自然和社会人文环境优化，提升本国旅游吸引力从而吸引到更多的B国旅游者。

回路8中，B国旅游者到访带来的旅游外汇收入增加了A国

GDP 总量，A 国政府意识到和 B 国旅游互动的重要意义，实施旅游产业政策提升本国旅游产业的经济地位，扶持旅游业发展，A 国旅游企业在利好因素的激励下，提升服务质量，提高旅游吸引力吸引到更多 B 国旅游者到访。

回路 9 中，B 国旅游者到访带来的旅游外汇收入增加了 A 国 GDP 总量，A 国政府意识到和 B 国旅游互动的重要意义，实施旅游产业政策提升本国旅游产业的经济地位，扶持旅游业发展，A 国旅游企业在利好因素的激励下，进行旅游资源开发和建设，以此提高旅游吸引力吸引到更多 B 国旅游者到访。

回路 10 中，B 国旅游者到访带来的旅游外汇收入增加了 A 国 GDP 总量，A 国政府意识到和 B 国旅游互动的重要意义，实施旅游产业政策提升本国旅游产业的经济地位，扶持旅游业发展，A 国旅游企业在利好因素的激励下，进行旅游基础设施建设，以此提高旅游吸引力吸引到更多 B 国旅游者到访。

回路 11 中，B 国旅游者到访带来的旅游外汇收入增加了 A 国 GDP 总量，A 国政府意识到和 B 国旅游互动的重要意义，实施旅游产业政策提升本国旅游产业的经济地位，扶持旅游业发展，A 国旅游企业在利好因素的激励下，捕捉到和 B 国旅游企业合作互动的商机，产生和 B 国旅游企业互动意愿，结成战略联盟，实施互动行动，相互输送客源。

回路 12 中，B 国旅游者到访带来的旅游外汇收入增加了 A 国 GDP 总量，A 国政府意识到和 B 国旅游互动的重要意义，产生和 B 国政府互动意愿并促成互动行动的实施，由此使得 A 国旅游者流向 B 国市场，B 国旅游企业嗅到商机，形成和 A 国旅游企业互动意愿，结成战略合作联盟并实施互动行动，推动两国客源的双向流动。

回路 13 中，A 国旅游企业产生和 B 国旅游企业战略协作联盟的意愿，并实施互动行为促使 A 国旅游者流入 B 国，B 国旅游外汇收入对 GDP 贡献突出，B 国政府意识到和 A 国旅游互动的重要性，产生和 A 国政府互动意愿，并实施互动行为相互输送客源。

回路 14 中，B 国旅游者到访带来的旅游外汇收入增加了 A 国 GDP 总量，A 国政府意识到和 B 国旅游互动的重要意义，产生和 B 国政府互动意愿并促成互动行动的实施，由此使得 A 国旅游者流向 B 国市场，B 国旅游外汇收入扩充了 GDP 的规模，B 国政府重视旅游业发展，实施一系列旅游产业政策，提升旅游产业地位。在国内外利好因素的激励下，B 国旅游企业产生和 A 国旅游企业互动意愿，两国企业达成战略合作联盟，实施互动行为，相互输送客源。

回路 15 中，B 国旅游者到访带来的旅游外汇收入增加了 A 国 GDP 总量，A 国政府意识到和 B 国旅游互动的重要意义，实施旅游产业政策提升本国旅游产业的经济地位，扶持旅游业发展，A 国旅游企业在利好因素的激励下，捕捉到和 B 国旅游企业合作互动的商机，产生和 B 国旅游企业互动意愿，结成战略联盟，实施互动行动，相互输送客源。随着 A 国旅游者到 B 国旅游人数的不断增多，带来的外汇收入可观，对 B 国 GDP 贡献突出，引起 B 国政府重视，B 国政府产生和 A 国政府合作互动意愿并实施互动行为，合作协调，相互输送客源。

回路 1 的旅游者互动行为在旅游者互动子系统和旅游企业互动子系统中运行，其中，旅游企业是驱动旅游者跨国旅游的主导者。回路 2、回路 3 和回路 4 的旅游者互动行为在旅游者互动子系统、企业互动子系统和旅游引力子系统中运行，旅游企业是推动旅游者互动的主体，通过对旅游资源、旅游基础设施和旅游服务等旅游引力系统的开发建设，实现旅游者互动的目的。

回路 5 的旅游者互动行为在旅游者互动子系统和政府互动子系统中运行，其中，政府是驱动旅游者互动的主导者。回路 6 和回路

7在旅游者互动子系统、政府互动子系统和旅游引力子系统中运行，政府是推动旅游者互动的主体，通过对公共设施和环境的优化，提升旅游引力系统的吸引力以实现旅游者互动的目标。

回路8、回路9和回路10中的旅游者互动行为在旅游者互动子系统、政府互动子系统、企业互动子系统和旅游引力子系统中运行。一国旅游吸引力的提升建设由政府和旅游企业共同实施，其中，政府起到政策主导作用，旅游企业在政府的引导下，进行旅游资源开发、旅游基础设施完善以及旅游服务质量提升等旅游吸引力建设。

回路11、回路12、回路13、回路14和回路15的旅游者互动行为发生在旅游者互动子系统、政府互动子系统和企业互动子系统。其中，回路11的旅游者互动因一国政府引导以及旅游企业作为主体实施互动行为而发生；回路12的旅游者互动由一国政府主导互动并引致另一国旅游企业跟进实施互动而发生；回路13的旅游者互动则是由一国旅游企业主导互动并引起另一国政府跟进实施互动而发生；回路14中，一国政府主导互动，另一国旅游企业在政府引导下实施互动行为，由此引起旅游者互动。回路15中，一国旅游企业在政府引导下主动实施互动，由此引发另一国政府实施互动行为，从而驱动旅游者互动。

合作背景下国际旅游者互动在各种因素影响下，具有正向反馈特征。两个国家政府间以及旅游企业之间产生旅游互动意愿，采取一系列互动行为，都激发了国际旅游的发展，两个国家分别相互输送客源，入境旅游人数的增长实现了企业的逐利需求，进一步诱发两个国家旅游企业结成战略联盟互动；旅游外汇收入的提高为国民经济发展作出的卓越贡献进一步推进两国之间政府的旅游互动。在政府和旅游企业的共同推动下，旅游资源得到有效开发，旅游基础设施和公共设施不断建设完善，旅游服务质量进一步提升，整体旅游环境改善优化，进一步增强的国家对外旅游吸引力将激发更多入境旅游者。竞争背景下国际旅游者互动反馈回路如合作背景下的分析思路，反馈回路具有负向反馈特征。

四 结论及对我国旅游服务进出口互动的启示

旅游服务进出口互动机制反馈回路揭示了旅游服务进出口互动巨系统内部各个子系统相互依存、相互影响和协调发展的动力演化过程，揭示了政府、旅游企业和国际旅游者的互动行为规律。对于政府和旅游企业来说，国际旅游者的跨国旅游行为既是驱动它们互动的诱因和动力，也是政府和旅游企业互动的结果，是旅游服务进出口互动的表面特征。政府和旅游企业是旅游互动的主要驱动者，存在政府互动、旅游企业互动、一国政府驱动本国企业互动、一国企业驱动本国政府互动、一国政府驱动他国旅游企业互动、一国旅游企业驱动他国政府互动、一国政府主导本国企业互动并驱动他国政府互动等多种驱动模式。政府、旅游企业和旅游者互动子系统的行为互动取决于旅游引力子系统的引力强度。为了提升旅游引力，政府和旅游企业必将依托本国旅游资源，进行旅游资源深度开发、旅游基础设施和公共设施建设、环境优化以及服务质量提升，增强旅游创汇能力，因此，国际旅游引力强度反映了国际旅游竞争力水平。一国的旅游引力亦受其政府、旅游企业和国际旅游者行为的交互影响。政府和旅游企业层面的竞合博弈直接决定了各国旅游产业政策及基础设施与公共设施、环境的发展质量，进而影响旅游引力的提升。政府之间、旅游企业之间的良性合作会激励其各自对外主动寻求互动，结成战略联盟，对内加强自身核心竞争力培育，争取获得最大的绩效。政府及旅游企业在竞合中提升服务质量，增强旅游引力，引致旅游人数增加，对旅游产业绩效及经济增加值产生正向影响。只有当政府、旅游企业间因为相互竞争，采取限制对方的策略，才会导致旅游市场的封闭，限制旅游引力的发挥，降低旅游业的绩效。由以上分析可知，旅游服务进出口互动存在恶性互动和良性互动两种表现形式，其中，竞争加剧恶性互动，合作促进良性互动。在竞合因素的影响下，旅游业的地区竞争是一种客观存在，并且会越来越强，而地区旅游合作是人们的主观能动，是应对竞争的积极行为，只有双赢或多赢的原则才能真正实现（马波，2007）。因此，旅游服务进出口互动以合作为主，通过各种层面和形式的合作形成正向反馈回路，在政府、旅游企业、国际旅游者等主体的交互作用下动态发展。

结合上一章的旅游服务贸易竞争力分析结果，对于我国旅游服务进出口互动来说，应该更加积极发挥我国政府与旅游企业对外旅游互动的主观能动性，加强政府主导下的旅游企业互动，对内加强旅游引力系统建设，对我国丰富的旅游资源进行深度开发，在航空、路面、基础设施和通信设施等方面加大建设力度，优化自然和社会环境，以舒适便捷服务质量提升国际旅游者体验，以此为基础为对外旅游互动提供坚实的物质载体。

第五章 欧盟旅游一体化经验借鉴

第一节 欧盟旅游一体化的经验

1951 年，法国、意大利、联邦德国、荷兰、比利时和卢森堡六国签署《关于建立欧洲煤钢共同体条约》，次年欧洲煤钢共同体正式成立。1958 年，法国、意大利、联邦德国、荷兰、比利时和卢森堡六国正式组建欧洲经济共同体和欧洲原子能共同体。1967 年，欧洲煤钢共同体、欧洲经济共同体和欧洲原子能共同体合并，统称“欧洲共同体”（简称“欧共体”），即为欧盟前身。随后，越来越多欧洲国家加入欧共体。1993 年，根据内外发展需要，欧共体正式易名为“欧洲联盟”（简称“欧盟”）。在 2020 年英国正式脱欧后，欧盟拥有 27 个成员，分别是法国、德国、荷兰、意大利、比利时、丹麦、卢森堡、爱尔兰、希腊、西班牙、葡萄牙、奥地利、瑞典、芬兰、马耳他、波兰、塞浦路斯、匈牙利、捷克、斯洛伐克、斯洛文尼亚、爱沙尼亚、拉脱维亚、罗马尼亚、立陶宛、保加利亚和克罗地亚。在欧盟一体化进程中，成员之间的旅游合作和一体化也随之孕育并获得发展，经历了从“被冷落”到逐步规范、发展完善直至不断出现新面貌的漫长演替过程后（冯学钢，2004），现今已成为国际旅游合作和旅游一体化的典范。欧盟旅游一体化有力推动了欧盟旅游业发展，当前旅游业在欧盟仅次于零售业和建筑业，是欧盟的第三大产业，在欧盟经济社会发展中发挥着举足轻重的作用，且非常具有发展前景。

欧盟推进旅游一体化发展的政策目标主要包括四方面：(1) 推动较不发达地区的经济结构调整。积极推动拥有丰富优质旅游资源的不发达地区大力发展旅游业，从而带动当地服务业发展。(2) 促进欧盟国家经济趋同。旅游业已成为欧盟强势国家向弱势国家转移资金的特殊渠道。(3) 加强和增进各成员人民之间的交往和了解。欧盟通过倡导鼓励成员居民进行跨国旅游，从而更好熟悉其他地区的历史文化传统和民族生活方式，进而增进成员间的了解和信任。(4) 改善季节和地区分布不均衡状况。通过要求错开假期、鼓励淡季旅游等措施解决成员目的地季节性差异带来的环境压力、就业不足等压力。为实现一体化政策目标，需要有强有力的一体化模式作为保障。欧盟旅游一体化牵涉到国与国的密切合作，而各国国情不一样且利益诉求不同，因而跨国旅游合作进而一体化是个规模宏大且错综复杂系统。为协调好系统内部关系，保证系统高效运转，欧盟实行的是依靠制度和机制推进一体化进程的模式，欧洲议会、欧洲委员会、理事会等行政机构发挥着重要作用。具体而言，欧盟旅游一体化是在一定程度市场发育基础上，以文化为纽带，以节事活动为依托，以中小型企业为主体，旅游咨询委员会和旅游论坛等机构主导加强交流合作的一体化格局（冯学钢，2004）。

一　政策制度保障

欧盟是政策制度导向的典范，以紧密的制度联合和强劲的机制建设推进旅游一体化进程。自 20 世纪 80 年代中期以来，旅游业在欧盟快速发展，基于协调成员的利益关系和发挥旅游业的综合效应的目的，欧盟开始进行政策制度建设以促进旅游业发展和区域内旅游联动。1986 年，欧盟首先将旅游业从财政预算中单列出来，以便欧盟委员会加强对各成员的旅游服务贸易和旅游政策的调研，同时，颁布了欧盟第一个旅游业的专门文件《关于共同体旅游政策的主要原则》，并通过了关于改善旅游地区分布及在旅游业中建立咨询和合作程序的决议。从 1988 年起，欧盟实施负责旅游业的官员定期举行会议制度，以便对成员共同关心的旅游业发展政策进行磋商。1991 年 4 月，欧盟委员会发布了旨在促进旅游业发展的“共同行动纲领”，为欧盟内部大市场旅游业政策奠定了基本原则（杨森林等，1995）。1993 年 1 月，欧盟实施《欧共体包价旅游规定》，规定了各成员旅游服务的统一标准及旅行社、饭店和航空公司的运作规范。1997 年，欧盟制定统一的旅游行动纲领，要求各成员政府大力支持旅游业发展，加大对旅游业投入，建议各国旅游管理部门协调国营和私营企业的合作，不断开发新的旅游项目，建立统一的质量保证体系，成立欧洲旅游管理学院。2009 年，欧盟通过《里斯本条约》，首次提出了欧洲旅游合作框架，可谓是欧盟旅游业发展的里程碑。2010 年 6 月，欧盟发布了促进欧盟旅游业的重要通告，推出了旨在促进旅游业发展的 21 项行动，以期在增强欧盟旅游业竞争力、促进可持续的负责任的高质量旅游业发展、加强成员旅游机构合作共创“欧洲品牌”、最大限度使用政策和金融工具促进欧盟旅游业发展等方面有所作为。2011 年，欧盟提出《新欧盟旅游政策框架》，旨在建设可持续的高品质旅游目的地品牌，设立欧洲旅游网，共同举办重大节庆活动，推广欧洲旅游（王兴斌，2014）。

旅游业是关联性强的行业，因而其他诸如农业、交通、环境、教育等部门的相关政策同样会对旅游业产生直接或间接影响。在欧盟内部，对旅游业影响最直接的政策包括消费者保护政策、社会政策等。在消费者保护政策方面，针对旅行社经常用夸大其词的欺骗宣传损害消费者利益的情况，欧盟委员会于1982年制定了《共同体旅游业准则》，1992年12月31日起，该准则正式成为欧盟各成员的共同法律，重点解决包价旅游度假、无法登机赔偿等问题，有效维护了旅游者消费权益。1992年2月签订的《马斯特里赫特条约》首次涉及社会政策，社会政策旨在促进劳务的自由流动，保障劳务人员合作区域内自由流动的权利，确保对来自其他成员的劳务人员同工同酬以及男女机会均等的权利，同时确认专业人员的学历和专业资格相互承认，这有效确保了欧盟旅游一体化的人力资源要素的自由流动和高效配置。

国际旅游贸易活动有别于其他服务贸易的特征在于境外消费，即需要一国旅游消费者到其他国家境内购买旅游服务，因此，国际旅游者能否顺利出入境实现旅游互动的关键在于跨境的便利性与否，这往往是制约国际旅游贸易和旅游一体化的主要障碍性因素。欧盟旅游一体化进程很好地用申根签证制度解决了该问题。1985年6月14日，欧盟五个成员德国、法国、荷兰、比利时和卢森堡共同签署了《申根协定》，该份国际协定取消五国之间人员流动的边境控制，并同意设立统一的外部边境控制制度，实行单一的签证政策；1997年，申根签证制度被纳入欧盟框架，成员数量不断增加（陈志敏和朱菊华，2010）。申根区范围基本覆盖整个欧洲，在申根区内，在保证各成员根据国际法对其边界进行地理划分权能下，任何一个申根成员国家签发的签证，在所有其他成员所在地均被视为有效，无须额外申请签证。该制度为持有任何一个申根成员合法入境签证的国际旅游者在申根区内自由旅行提供了便利条件，极大促进了欧洲国家的旅游互动。

二　区域机构主导

为保证旅游一体化的政策制度能有效贯彻实施，需要有超国界的区域机构主导一体化事宜。欧盟旅游一体化早期并没有专门的超国界旅游机构主导、规范、协调一体化活动，但欧盟委员会、理事会等机构在一体化进程中的区域制度联合、机制建设等方面发挥的作用同样涉及旅游业，尤其是强大有力的欧盟委员会，它提出的关于旅游业一体化的相关政策制度和对策方案都能有效贯彻实施。1986 年，欧盟成立了旅游一体化专设机构——旅游咨询委员会，代表各国利益，促进欧盟国家更紧密合作，开展旅游业的信息交流、咨询与合作。1989 年，旅游业管理机构从欧盟交通理事会中分离出来，欧盟旅游一体化开始逐步走向规范。随后在 1993—1996 年颁布了欧盟旅游合作的首个行动计划，此后每年都出台一个欧盟旅游业行动计划，对一年内的发展做展望与规划。2004 年，欧盟成立了旅游可持续发展组织，由政府、国际旅游组织、行业协会和社会团体代表组成。2000—2006 年欧盟向旅游业投入 20 亿欧元，并制定了《欧洲共同体旅游发展规划》，把旅游业放在国民经济优先发展的地位上，并对欧洲旅游业的发展目标、对外关系、地区政策、企业政策、合作政策和旅游开发基金等做了统一规定（王兴斌，2014）。

除了设立官方区域机构主导各国旅游合作，欧盟从 2002 年开始每年举办“欧洲旅游论坛”，为欧盟成员提供交流合作平台。欧洲的协会、国际组织、国家和区域政府部门均参会，公私营部门聚集在一起通过讨论，探讨如何更好地将旅游业一体化与欧洲的相关政策结合，以期提升欧盟旅游可持续竞争力。以第一届欧洲旅游论坛为例，它的首要任务是关注欧洲旅游的社会、经济、文化可持续性以及其影响因素的评估（孙洁和冯学钢，2004）。此外，欧盟还组织旅游部长会议、专门会议等。

三　中小企业主体

欧盟旅游中小企业规模小，运作灵活，活跃在欧盟旅游市场上，是欧盟旅游市场的主体力量，是欧盟旅游合作和一体化的主要推动力，对欧盟经济发展具有重要战略意义。但不可否认，企业规模小也使得欧盟旅游企业在一体化进程中不可避免存在先天不足，如不能灵敏捕捉欧盟大市场的客源信息、缺乏旅游需求的战略知识、不易控制内部生产质量、市场营销薄弱、人员素质难以提升等。为了高效发挥旅游中小企业主体作用，需要欧盟政府部门从宏观上进行规划引导，确保市场运作有序高效。欧盟政府部门在引导旅游中小企业健康有序发展、提升竞争力等方面进行了大量卓有成效的工作。第一，政府部门从全局出发进行整体决策。通过在成员间实行假期错开措施以提高欧盟整体出游率。利用整体化优势，进行区域联动共同开发旅游研究项目。设立旅游产业研究中心，以便满足旅游目的地需要并对目的地发展水平进行评估。在信息收集传播方面，政府部门要对欧洲旅游产业结构、运作、竞争力的报告分析等资料进行统一准备和发展，且要随时更新报告，对公司投资方所需要的新增资料进行简单分类，并对重要问题给予特别的关注。同时，要把欧洲各地区旅游业的信息资料进行汇总保存后直接送至有关方面最好专家手中进行研究。此外，政府部门要研究诸如环境、交通、税收、教育等相关其他政策对旅游业的影响，编制旅游卫星会计账户，从而为欧盟旅游产业研究提供准确数据资料。第二，运用高科技手段强力支持旅游中小企业发展。欧盟政府部门在资金层面和技术层面给予旅游中小企业支持，帮助中小企业开展创新活动。通过收集传播关于旅游产品和服务的实践案例以及创新思路，建立免费的网站预见旅游市场需求，设立激励机制和措施鼓励中小企业进行创新和推进国际化发展。欧盟委员会建立旅游数据网络中心对如何提高旅游企业尤其中小企业的生存能力进行讨论，讨论的结果将被纳入欧盟委员会制定旅游政策的优先领域；网络中心还为跨境旅游业中小企业发展提供技术基础，从而有利于发挥中小企业创新潜力，增强它们创造就业的能力（王艳梅和明庆忠，2018）。

四　区域基金支持

欧盟设立若干社会基金扶持落后地区发展，减少成员间的地区发展不平衡，这些社会基金从不同层面支持欧盟区域旅游发展。欧盟社会基金主要有："欧洲地区发展基金""欧洲社会基金""欧洲农村发展农业基金""欧洲海事和渔业基金"等（见表5－1）。各类社会基金主要通过政府部门筹集，也有部分通过社会筹集。经过多年的实施，各类基金运作和管理已经相当成熟完善，通过向旅游业提供财政支持从而加大对旅游企业、服务和基础设施的资金支持力度。

表5－1　与欧盟旅游业相关的基金设立情况

基金	支持旅游业的侧重点	设立原因	共同目标
欧洲地区发展基金	向与旅游相关的工程项目提供财政支持，资助欧盟境内文化和自然遗产项目，改善旅游基础设施建设，促进旅游业信息通信技术发展，鼓励善于创新的中小旅游企业发展，促进高附加值服务项目发展	各成员之间、成员各地区之间贫富程度不一，不同的国家利益影响集团利益的发展	以"加强经济社会凝聚力"为目标，通过强化资金直接转移方式援助经济发展缓慢的欠发达会员国和贫困地区
欧洲社会基金	协助改善乡村地区或没落城市的相关观光环境的软硬件建设及人才培育；为培养和培训旅游业员工提供资助，并且专门为一些新创业的微型旅游企业提供员工培训服务，以创造新的就业机会；为旅游业员工在欧盟境内自由流动提供帮助		

续表

基金	支持旅游业的侧重点	设立原因	共同目标
欧洲农村发展农业基金	帮助和鼓励成员的农村地区发展旅游业，促使乡村旅游迅速发展和农村经济多元化。主要用于：改善农村地区环境；鼓励农村地区开展旅游服务，推动当地经济多元化发展；恢复和维护农村地区的文化遗产；对农民进行旅游职业培训和发展乡村旅游纪念品生产	各成员之间、成员各地区之间贫富程度不一，不同的国家利益影响集团利益的发展	以“加强经济社会凝聚力”为目标，通过强化资金直接转移方式援助经济发展缓慢的欠发达会员国和贫困地区
欧洲海事和渔业基金	鼓励生态旅游，帮助个体渔民通过再培训后从事海洋旅游服务		

注：根据冯学钢《欧盟一体化及其对中国“长三角”地区旅游业联动发展的启示》（《世界经济研究》2004 年第 4 期）修改补充而成。

五　区域旅游联动

欧盟在政府、行业与企业方面展开了充分的分工合作互动。首先，欧盟对宏观区域合作非常重视，建有欧洲旅游局联盟，旨在通过对市场进行调查研究，组织成员共同联合开发市场，提高旅游接待水准，交流信息，开展旅游政策和理论研究，开展旅游从业人员继续培训，并设有共同运营网络门户（www. visiteurope. com）。其次，欧盟国家、地区和地方公共机构之间以及与旅游协会和其他公私旅游利益相关者之间展开卓有成效的合作。欧盟发挥欧洲旅游运营商协会（ETOA）、欧洲旅行代理商和旅游运营商协会（ECTAA）等行业组织的作用，同时推进旅游业和航空业合作。法国、德国、英国和西班牙等国的品牌旅行商均实施跨国经营战略，成为国际旅游集团，是欧洲旅游市场与区域旅游合作的经营主体（王兴斌，2014）。

欧盟成员在对外营销、统一塑造欧洲形象方面有着很好的联动合作。2011 年欧盟提出《新政策框架》决定设立欧洲旅游网，共同举办重大节庆活动，促进可持续高品质旅游目的地品牌建设。欧盟成员的旅游机构通力合作创建“欧洲品牌”，力争使欧洲在国际旅游目的地中独树一帜。2011 年，欧盟委员会确定“欧洲，全球首屈一指的旅游胜地”（英文缩写为 EDEN）为统一的欧洲旅游形象，每年选择一个主题，由欧盟委员会与各国旅游机构密切合作，从参与国家中选择目标并授予 EDEN 目的地称号（王兴斌，2014）。欧盟成员的旅游机构和欧洲旅游行业设立“访问欧洲”网站（www. visiteurope. com）统一推销欧洲旅游产品，该网站向旅游者提供诸如天气、交通、日程等旅游实用信息，积极营销推荐欧洲各个旅游目的地和丰富的旅游活动，同时实现与各国官方旅游网站的链接。通过举办诸如欧洲文化之都等各类文化、体育节庆活动对欧洲旅游整体促销。通过各种旅游推广合作活动，全方位展现“多样性欧洲”丰富的自然资源、历史文化遗产、传统节庆活动以及美食，整体推动欧洲旅游业发展。

旅游业有明显的季节性特征。为使欧洲旅游业“淡季不淡”，在时间上实现均匀分布，欧盟鼓励政府部门、旅游行业与私营部门合作，采取多样化措施延长旅游季节。如欧洲“银发市场”是一个重要的旅游客源市场，为了鼓励老年游客淡季出行，欧盟通过实施社会福利旅游计划帮助“银发市场”游客在淡季到政府指定的旅游场所（如酒店、餐馆等）进行消费。

欧盟不仅强调欧盟内部的旅游联动，而且注重欧盟与外部区域的旅游合作，如通过实施“5 万名游客计划”协调了欧洲与南美洲的淡季利用。“5 万名游客计划”指欧盟与南美洲在各自旅游淡季时互相输送客源，即鼓励 25000 名南美洲游客在 2012 年 10 月到 2013 年 3 月欧盟旅游淡季期到欧盟旅游，同时鼓励 25000 名欧盟游客在 2012 年 5 月到 2013 年 10 月南美洲旅游淡季期到南美洲相关国家和地区旅游。该计划推出后参与的国家及机构包括法国、意大利、西班牙、立陶宛、阿根廷、巴西和智利等国的政府，法国航空、英国航空、汉莎航空、意大利航空、葡萄牙航空等企业，参与的旅游行业组织包括欧洲旅游经营协会、欧洲旅行代理和旅游经营者协会等（严恒元，2012）。欧盟意识到中国市场在全球市场的重要性，积极推进欧洲与中国的交流合作。2011 年，欧洲旅游局联盟与欧盟委员会共同代表宣布“旅游目的地欧洲”的推广活动在中国揭幕，欧洲旅游委员会户网站（www. visiteurope. com）的中国官网也正式上线。2012 年围绕“欧洲，终极之旅”的主题开展一系列市场活动，推出了专为中国游客量身打造的泛欧洲旅游产品。通过既有的文化路线、文化长廊、联合国教科文组织世界遗产景点等，宣传欧洲的自然、文化、历史、购物、美食与美酒等多元化的旅游体验。2013 年 7 月，中欧签署《关于可持续旅游领域合作的联合声明》，建立中欧定期旅游对话和信息交流机制，开展共同项目，统一并简化签证手续，扩大中老年游及青少年修学游，推广高品质的欧洲旅游资源，促进中欧旅游交流（王兴斌，2014）。

六 区域交通支撑

交通是欧盟一体化的重要内容，通过改善交通方式组合、加强各交通方式间的有效协调和有机衔接、发展联合运输等措施推进交通一体化。一方面，欧盟各国主管交通部门通过对基础设施进行详细规划以优化整体交通网络；另一方面，利用先进技术促进区域交通联网，并大力发展运输流量大、利用率高的公共交通。通过努力，欧洲各国建立起发达的共同交通网络，包括公路与铁路，不仅线路密度高、覆盖面广、可达性好，而且车次频率高、种类多，可提供不同价格供旅客选择，有效节约了旅游费用。发达的公共交通体系使得欧盟旅游者出行更为便捷，欧盟各国联系更加密切（朱一鸣，2013）。

第二节　欧盟旅游一体化的经验启示

区域旅游服务进出口互动深入发展，乃至区域旅游一体化的实现，需要区域各国的努力，欧盟旅游一体化进程给我们提供了有益的启示。

第一，旅游一体化要有健全的政策制度作为保障。国际旅游一体化是一个漫长且复杂的过程，为了保障区域旅游行为和活动的规范有序，需要有一系列健全的政策制度作为保障。欧盟旅游合作不止包括旅游方面的政策制度，同时涵盖了相关行业如农业、交通、环境、教育等部门在旅游一体化方面的政策制度，尤其是申根签证政策的实施更是为区域旅游人员自由流扫除了障碍，有效促进了旅游互动。

第二，政府主导，企业主体。充分发挥政府的主导作用，成立超国界的区域机构主导旅游一体化事宜，制定政策制度，规范、协调一体化活动。在政府主导下，充分发挥旅游企业的主体作用，重视政府对旅游企业的引导、规范、协调、监督作用。

第三，设立区域基金支持旅游一体化发展。旅游互动发展的目标在于通过共同旅游发展实现各国互利共赢，最终实现旅游一体化。各国地区发展不平衡严重制约旅游互动活动和一体化进程，通过设立各种社会基金扶持落后地区发展，减少成员之间地区发展的不平衡，支持各种基础设施发展和基础旅游项目建设，为旅游互动创造良好条件。

第四，进行区域旅游联动开发。区域旅游互动顺利开展，要求各国在政府、行业和企业方面展开充分的合作互动，如联合开发旅游产品和旅游线路、共同开发市场、联合进行营销活动和共塑统一形象、共同进行旅游人才培养、共享旅游信息以及相互交流信息、实现国家间交通互通等。

第六章　中国旅游服务进出口互动模式构建

第一节　旅游合作模式分析

国家和地区间的竞争导致旅游服务进出口互动系统的封闭甚至恶化，合作则实现国家（地区）之间的旅游良性互动，合作应视为实现旅游互动系统良性运转发展的主要方式，要分析旅游互动模式，则应从区域旅游合作模式着手探讨。区域旅游合作模式作为区域旅游合作进程的规律总结，是区域旅游合作活动在长期发展过程中基本形态与要素的综合体现，是合作利益主体在区域旅游合作中所采用的方式、内容与途径的统称（朱红兵和冯翔，2014）。关于区域旅游合作应采用何种模式，学术界的研究成果颇丰，可为构建旅游服务进出口互动模式提供理论借鉴。杨荣斌等（2005）认为，合作机制和发育环境是区域旅游合作的形成基础，在基础具备的条件下，从地理学空间视野提出了区域旅游合作包括点—轴发展模式、单核辐射模式、双核联动模式、核心边缘模式和网络型模式 5 种结构模式。马波（2007）根据市场要素、产品要素和旅游产业要素流动的方式，把区域旅游合作模式确定为市场互换、市场—产品共享、要素协调和一体化发展四种模式。梁春媚（2009）基于马波（2007）提出的区域旅游合作模式理论，分析了中日韩三国的区域旅游合作模式。徐淑梅等（2011）在论及中国“四极”（“北极”漠河、“南极”三亚、“东极”乌苏、“西级”喀什）合作时，认为按照合作发展的进程，“四极”合作模式经历碎片化初级阶段的碎片化发展模式、过渡阶段的网络化发展模式、发达阶段的一体化发展模式三种模式。陈雪婷等（2012）在分析中国东北与俄、蒙毗邻地区的国际区域旅游合作时，提出了空间极核辐射模式、政府与企业互助模式、区域“无障碍旅游”模式三种模式。朱红兵和冯翔（2014）对长三角区域旅游合作发展模式进行了研究，根据合作主体、合作领域、合作途径等要素，把长三角区域旅游合作发展模式归纳为政府主导型、政府推动型、企业主导型、行业引导型、项目驱动型五种基本类型。张广宇等（2015）提出丝绸之路经济带国际区域旅游合作应采取各国政府与城市作为主体的多边协议合作模式。王新越和司武兴（2016）认为，“21 世纪海上丝绸之路”国家旅游合作应该在不同阶段实施不同合作模式，如初期阶段的旅游资源整合模式、中期阶段的互联互通模式以及基于“互联网 + 旅游”和“旅游 + ”的合作发展模式、作为长期战略的无障碍旅游模式。

已有研究从多视角分析了旅游合作模式，按照合作切入点不同进行归纳，主要从合作地理空间、合作主体及行为、合作要素和内容等方面确定旅游合作模式。

一 基于地理空间的旅游合作结构模式

杨荣斌等（2005）把区域旅游合作结构模式界定为：区域旅游系统各要素和旅游活动在合作区域空间内的相互关系和组合形式，是区域旅游空间相互作用而产生的共生效应、互补效应、整体效应的产物，是基于旅游资源条件、旅游经济空间联系、区域经济活力等条件下的空间自组织过程，并从地理空间相互联系和演化形式把旅游合作结构模式分为点—轴发展模式、单核辐射模式、双核联动模式、核心边缘模式和网络型模式五种类型。

（一）点—轴发展模式

当一个区域经济水平落后，难以为旅游业发展提供有力的区域经济支撑时，区域旅游合作往往从点开始，即整合有特色的、知名度高的旅游资源，以轴（交通干道）为联结，由此延伸并向轴两侧辐射，由此形成有吸引力的中长线旅游产品。点—轴发展模式即以旅游资源为卖点，依托交通干道串联为轴的便利性吸引更多输入型旅游客流的方式，该模式常见于经济发展水平较低的区域旅游合作中，或是区域合作初期的阶段。

（二）单核辐射模式

该模式在区域合作初期较为常见。当合作区域旅游业发展状况不均衡，但区域内存在单项旅游优势，如某地旅游资源品质高或者旅游市场发育程度高，呈现出资源吸引市场或者市场指向资源的特征，则可以以该地为核心，以该地和其他区域的旅游经济联系为纽带，向内吸引旅游者或者向外扩散客源市场，形成向周边地区辐射并带动区域旅游发展的旅游合作状态。

（三）双核联动模式

合作区域内存在两个在资源条件、市场层级、旅游发展水平等方面处于较高层次的核心地区，即双核心地区，双核心地区在资源以及区域中的地位等级相当，并且存在旅游联系，形成资源互补或市场合作或两者兼而有之的合作关系。两个资源型的核心可通过整合资源形成互补合作效应，增强旅游吸引力共同对外吸引客源；资源型和市场型核心可通过合作互动，相互成为旅游目的地和客源地。

（四）核心边缘模式

该模式一般形成于区域旅游合作水平较高的阶段，是单核辐射模式和双核联动模式发展后的更高层次阶段。合作区域中核心地区辐射能力增强，带动了边缘地区全面参与合作，形成了多级圈层结构，旅游发展水平由核心向边缘逐渐降序，依托不同圈层旅游功能的差异性合理分工合作，合作区域整体的旅游发展水平高，竞争优势明显。

（五）网络型模式

网络型模式是区域旅游合作发展到最高阶段出现的理想形态。在此阶段中，合作区域内的旅游呈现相互交织、相互联系的网络化发展状态，区域内的旅游产业、旅游企业、旅游市场、旅游城市和地区动态关联，旅游要素根据最优配置原则在区域内无障碍多向流动，区域旅游业发达，整体竞争力非常高。

二　基于主体及行为的旅游合作模式

在区域旅游合作中存在两大合作行为主体，即政府和旅游企业。各种旅游活动的进行，如生产要素区域内的流动、旅游客流互动的产生、区域内旅游产业多方合作均是政府和旅游企业共同行动作为的结果。在区域旅游合作的不同时期和阶段，政府和旅游企业在合作中所处的地位、扮演的角色和行动力度是不同的，根据旅游合作主体主导力量的程度不同，一般把区域旅游合作模式分为政府主导型模式和旅游企业主导型模式。

（一）政府主导型模式

旅游企业是市场机制下活跃于旅游合作市场的主体，但旅游企业追逐自身经济利益最大化的天然本性决定了旅游企业在旅游合作中是以自身利益为出发点，往往缺乏区域整体发展的概念，当个体利益和区域整体利益发生冲突时，会优先考虑自身利益而牺牲区域整体利益，造成旅游合作中旅游企业重复开发建设、产品严重雷同的恶性竞争格局，抑制了区域合作的“1+1>2”的合作效果。单纯以旅游企业为主导区域旅游合作行为的主体难以实现合作区域整体旅游业协同发展的目标，而政府作为一个行政区域的总体代表，其谋求行政区域整体协调发展的职责决定了政府会从宏观角度出发，以整体利益为基准进行区域合作决策。因此，在区域旅游合作初期阶段，选择政府作为合作主导主体、旅游企业参与的政府主导型模式更符合区域合作的实际，且该种模式更加切实有效。

根据政府主导合作方式和内容的不同，可以把政府主导型模式分为以下几种类型（朱红兵和冯翔，2014）。

（1）联合体模式。在旅游合作区域内，往往存在地理位置相近、历史文化相似、旅游业发展与经济发展水平相当的地区，以资源互补、景区联动、市场共拓、品牌共创的合作理念为依据，把这些地区串联起来结成联合体，则能充分发挥联合体的整合效应，有利于区域旅游整体发展。区域联合体的形成重任落在政府肩上，由政府主导发起、积极吸纳旅游企业广泛参与组建，推动区域旅游共同发展。

（2）制度安排型模式。该模式主要表现为区域内各个政府通过召开联席会议或举办高峰论坛等形式来规范合作内容以及约束合作成员行为。为促成区域的旅游合作，首先要求政府间建立具有一定组织权威的组织保障体系，确定议事议程；然后在此基础上召开各种形式的协调会议，定期举行会晤交流，共同制定区域旅游合作发展的战略规划和合作计划等，以制度安排形式对区域旅游合作进行全面性的宏观引导、协调和监督。

（3）专题纽带型模式。该模式主要指合作政府以区域旅游合作中的某一专题为纽带进行深入合作。合作政府选择的专题一般为联席会议签署的合作宣言或协议中比较紧要或合作容易展开的领域，如政府主导在区域旅游资源开发、客源市场开拓、旅游交通设施建设、区域旅游标准制定、旅游人才培养、旅游信息化建设等专题展开合作等。可以说，专题纽带型模式是制度安排型模式的进一步深化。

（4）规划引导型模式。该模式指区域合作政府主导制定区域整体的旅游发展规划，并依据发展规划展开旅游合作。区域整体旅游发展规划把条块分割、各自为政的分散旅游区有机整合为一个整体，在区域内部进行合理功能分区和职能分工，有利于解决区域共同问题和协调区域关系。区域旅游规划有前瞻性指导作用，是政府主导区域合作的主要行动方式。

（5）联合营销型模式。该模式指区域合作政府联合主导对区域旅游形象进行整体营销推介。为了塑造区域鲜明统一的旅游形象提升区域旅游关注度，区域内政府主导统一设计区域旅游宣传口号和旅游标志，统一编印旅游宣传资料，统一参加各类旅游会展，编制统一的旅游交通指示图和旅游标示图等。

（二）旅游企业主导型模式

区域旅游合作的目的在于通过协调区域内部旅游活动，吸引更多客源，增加旅游收入，提高旅游经济水平，最终促进区域整体发展。企业是市场的主体，在市场经济条件下，最终还是旅游企业担负提高旅游经济水平的使命。随着区域旅游合作的深入开展，在政府已经为旅游企业创造良好的合作市场环境条件下，政府在区域合作中的行为应由主导变为引导，旅游企业市场行为增强，由区域合作中的参与者变为积极主导主体。

旅游企业主导型模式意味着在区域旅游合作中，政府所起的作用变小，旅游企业发展成为区域旅游合作的主导者。旅游企业以市场需求为导向，根据自身发展需要自觉自愿展开合作行动，组成旅游企业战略联盟。根据企业合作主体的不同，可以把企业主导型模式细分为旅行社主导合作模式、景区主导合作模式、酒店主导合作模式（朱红兵和冯翔，2014）。

（1）旅行社主导模式。旅行社主导模式主要有两种表现形式。第一种形式是合作区域内不同地区旅行社跨越行政边界组成旅行社结盟，整合旅游资源，共同设计开发跨地区的旅游线路，相互推介旅游目的地和相互输送接待客源。第二种形式是旅行社集团跨区域扩张，即具有一定实力的大型旅行社通过对外并购、合作方式在区域外拓展业务和市场，通过资本扩张扩充实力和影响力。

（2）景区主导合作模式。由区域内不同地区的景区进行景区合作联盟，根据一定主题整合资源，统一对外确定宣传形象，联合营销推介，采取主导型策略共同积极开拓客源市场。

（3）酒店主导合作模式。酒店主导合作模式同样主要具有两种表现形式。一方面，不同地区酒店达成合作意向，结成合作联盟，共同对外营销，相互推介客源。另一方面，酒店主导合作表现在越来越多的连锁酒店积极主导跨区域扩张进行业务和市场拓展。

在旅游企业主导区域旅游合作过程中，除了同类型企业采取合作方式外，基于市场的需求，不同类型企业也多方面合作，出现旅行社与景区、旅行社与酒店、景区与酒店，或是旅行社、景区和酒店三者的合作。当前旅游企业合作主体和合作内容更趋多元化，如包含“吃住行游购娱”六要素在内的多类型旅游企业的全方面合作，甚至出现了旅游企业与非旅游企业的合作模式，如“旅游 + 农业”“旅游 + 工业”“旅游 + 科技”“旅游 + 会展”等。

三　基于要素和内容的旅游合作模式

区域旅游合作要考虑的要素既包括旅游市场和旅游产品，也要涵盖旅游产业要素。基于此，区域旅游合作的模式可确定为市场互换、市场—产品共享、要素协同和一体化发展四种类型（冯学钢，2004）。

（一）市场互换模式

客源市场由旅游者组成，具有双重特征。一方面，与政府和旅游企业一样，客源市场也是旅游活动重要的行为主体，具有引导旅游活动发生的主观能动性；另一方面，客源市场的旅游消费行为是导致政府和旅游企业进行旅游经济活动的诱因，可以说，客源市场是政府和旅游企业采取合作行动的目标指向物，从该层次理解，客源市场也可被看作旅游合作的基本要素。市场互换模式以相互开发和交换客源市场为目的和方式，是一种初级合作模式。实施市场互换模式需要具备一定的前提条件，即合作双方的旅游资源和产品差异显著，且对对方均产生吸引力，具备互换的条件（如政治交好、交通可达性好等），操作容易；实施的主要途径是政府和行业组织推动，旅游企业跟进；可细分为均等型和主次型两种类型。其中，均等型指合作双方的地区规模和旅游市场规模相当，通过相互交换客源市场能给各自带来大体均衡的利益；主次型指合作双方的地区规模和旅游市场规模存在明显差异，但地理毗邻的优势特性让双方不仅容易实施客源市场互换，且交换成本低。在主次型模式中，规模较小的合作方获利直接且明显，规模较大的合作方可以此为基础，主导并推动更高形式的区域合作。

（二）市场—产品共享模式

该模式指合作区域内两个或多个地区携手整合资源、设计推出联合线路、共同开拓市场的合作方式，通过使旅游者效益最大化来实现合作的目标。按照合作地区的空间地理位置，可把该模式分为相邻型和蛙跳型两种类型，其中相邻型为地理毗邻的地区联合营销，共拓市场；蛙跳型则指地域不接壤的地区联合开发线路和共同开发市场。市场—产品共享模式的实现要求合作地区之间旅游产品具有明显互补性，该模式实施成功的关键在于政府作为合作主体联动，达成合作框架和协议，主导推动各地区产品合理分工和整合。

（三）要素协同模式

该模式是更高级的合作模式，指以市场需求为导向，通过一种或多种旅游产业要素的区际流动而优化配置，从而实现区域内旅游业协同发展。按照流动要素的类别，该模式可分为资本协同型、劳动力协同型、技术（管理）协同型、信息协同型等类型。要素协同模式要求区域内各种要素能根据市场需求在区域内自由流动，为此要求合作区域内弱化地区壁垒，为要素创造能自由流动的市场空间，同时开放产权市场，强化旅游企业在市场的主体地位并提高市场活动的主观能动性。

（四）一体化发展模式

该模式是要素协同模式全面发展的产物，也称为全要素协同模式。在这个模式阶段，合作区域内的行政区域演化成一个旅游经济区，可依据市场经济规则实现对旅游产业资源进行最优配置，即依据旅游流的分布和变化无障碍配置旅游产业要素，合作区的各类旅游产业要素在地理空间上实现了横向一体化。同时，区域内的旅游产业也实现了纵向一体化，各个旅游企业根据各自的优势有机组合成完整的旅游产业链，能最大限度地满足客源市场的旅游需求。一体化发展模式是区域旅游合作要素配置的最高形态和方式，在该模式中，旅游企业成为推动区域旅游合作的主导力量和活动主体。当区域旅游业具有较高的发展水平和良好的市场环境时，一体化发展模式方能逐步实现。

区域旅游合作模式是区域旅游合作所采取的方式和途径，其运用并不是一成不变的。需要随区域的发展变化而进行创新，这种创新表现在合作模式的阶段性变化、合作形式的多样性等方面，唯有创新，才能促进旅游合作不断深入、提高和持续发展（秦学，2006）。区域旅游合作模式具有动态演化的特征，究竟选择何种合作模式应用于区域旅游合作中，应具体情况具体分析。

第二节　中国旅游服务进出口互动模式的构建

旅游合作是旅游互动的主要表现形式，已有旅游合作模式研究为构建我国旅游服务进出口互动模式提供了理论基础。然而，我国旅游服务进出口互动作为超越国家地理和行政边界的合作，远比一国内部的区域合作要错综复杂，错综复杂性主要体现在：一是互动国家数量庞大，2018 年，我国出境旅游者的足迹遍及全球 157 个旅游目的地国家，涵盖了全世界大多数国家，表明我国已经和全球多数国家确定了旅游服务进出口互动关系；二是与互动国家之间的地理空间格局存在多样性，互动既存在于周边相邻国家之间，也产生于非相邻的远距离国家之间，这使得国家之间的互动空间结构的把握难度加大；三是在国家和国家的交往中，仍然存在不少制约互动的因素，如国家之间政治制度和经济体制不同、社会经济发展方式和水平存在差异、历史遗留下来的摩擦等，将不同程度羁绊国家之间的旅游服务进出口互动。正因如此，在构建我国旅游服务进出口互动模式时，既要以区域旅游合作模式理论为指导，同时亦要充分考虑国家之间进行旅游服务进出口互动的复杂性，构建合适的互动模式。

一　基于互动主体行为的互动模式

在我国和世界各国发展出入境旅游、进行旅游服务贸易进出口互动的过程中，政府和旅游企业是服务进出口互动系统的主体，在互动演化的不同阶段，政府和旅游企业对互动活动的影响是不同的，据此可把旅游服务进出口互动模式分为政府主导旅游企业参与互动模式（见图 6 – 1）和政府引导旅游企业主体互动模式（见图 6 – 2）两种类型。上述我们所分析的国家层面的旅游服务进出口互动的复杂性，决定了在互动初期必须由政府出面主导推动互动系统工程。随着国家之间互动的不断深化和旅游市场的日臻完善成熟，旅游企业在政府的引导下，依据市场规律从事旅游服务进出口互动活动，成为旅游服务进出口互动的主体。

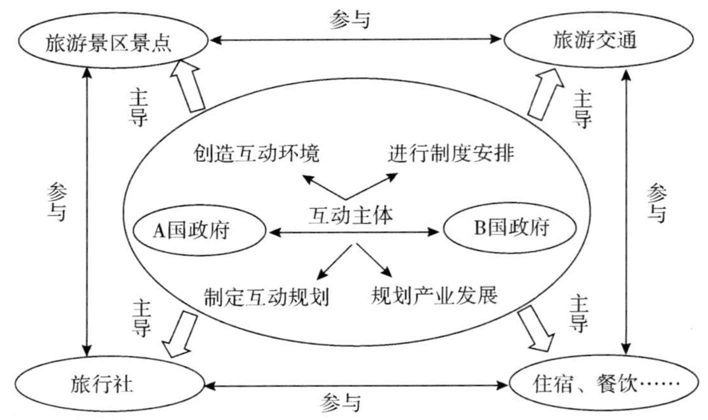

图6－1 政府主导旅游企业参与互动模式

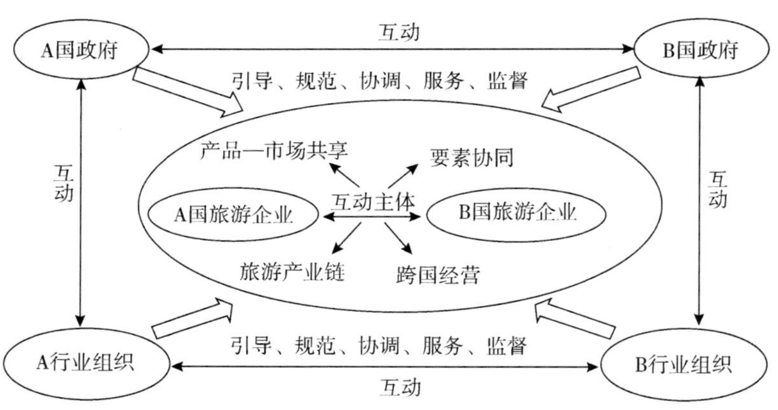

图6－2 政府引导旅游企业主体互动模式

（一）政府主导旅游企业参与互动模式

国家各级政府具有社会经济管理职能，是国家利益的代表，能调控利用国家资源，是国家之间旅游服务进出口互动开始阶段的主导者。在国家之间启动旅游合作、开展旅游服务进出口互动往来的过程中，政府从以下几方面发挥着主导旅游互动的作用。一是协调与他国的政治经济关系，为国家之间创造良好的旅游服务进出口互动环境，同时积极随时应对来自国家间互动带来的各种矛盾和危机，为旅游互动争取环境保障。二是对旅游服务进出口互动进行制度安排，建立跨国组织保障体系，通过联席会议或举办高峰论坛等形式确定国家间旅游互动内容和方式，规范和约束互动成员的行为；与他国共同确定旅游互动发展方向，制定互动的战略目标、规章政策、计划等，实现对国家间旅游服务进出口互动的宏观引导、协调和监督。三是从宏观上协调与他国合作共同制定国家间旅游服务进出口互动发展规划，推动国家间在旅游资源开发和产品建设、联动旅游线路设计开发、相互输送客源和对外共拓客源市场、旅游交通联动互通、联合进行旅游营销推广、相互培养旅游人才、旅游信息互通共享等专题方面开展互动，优化我国旅游服务进出口通道。四是在国家之间旅游服务进出口互动共赢大格局下，为提升旅游服务出口竞争力，吸引更多旅游者入境旅游，一国政府在国家内部要对国家经济发展谋篇布局，规划旅游产业发展。在政府主导的前提下，鼓励旅游企业参与旅游服务进出口互动中，积极投资旅游景区景点、旅行社、住宿餐饮、旅游交通等旅游经济领域；在政府主导下引导旅游企业积极对外进行营销推广活动，提升旅游企业的知名度和美誉度，引导旅游企业与互动国家的旅游企业加强战略合作。

在政府主导旅游企业参与互动模式下，明确政府的主导地位，鼓励旅游企业积极参与，政府和旅游企业在明确各自地位条件下合理分工，协调配合，共同推动旅游服务进出口互动良性发展，提高国家旅游竞争力。

（二）政府引导旅游企业主体互动模式

随着我国与其他国家旅游服务进出口互动的深入发展，政府已经为旅游企业创造了良好的互动市场环境条件，国家间旅游市场相对成熟完善，旅游企业具备了进行国际旅游合作和开拓国际市场的能力，此时旅游企业在互动中的地位逐步由参与者变为积极的活动主体。我国的旅游企业根据市场需求和自身发展需要，主动和国外旅游企业对接结成企业战略联盟。旅游企业在旅游服务进出口互动中的主体地位和作用表现在以下三个方面：其一，旅游景区景点、旅行社、旅游交通、住宿餐饮等旅游企业积极和国外相关企业互动合作，共同开发设计产品、互相输送客源、共同举行产品营销推介，以此为各自赢得更多的客源市场；其二，发挥各自的比较竞争优势，通过多种方式进行投资、经营、管理、人才、营销和技术等方面的互动合作形成旅游产业链，在互动中使企业生产要素最优配置，从而产生最高生产效率并使旅游企业获利最大化；其三，有实力的旅游企业走出国门到境外扩张，是旅游企业积极开拓国际市场和提升国际竞争力的体现，通过境外扩张的方式也能对互动国家产生资本、管理、人才和技术的溢出效应，带动互动国家旅游企业经济管理水平的提升和经济的增长。

政府引导旅游企业主体互动模式是在我国和其他国家旅游服务进出口互动发展到较高阶段才会出现的产物，在该阶段，政府主导的国家间旅游互动的章程协议落实到企业微观层面，旅游企业成了旅游互动市场中积极发挥主观能动性的行为主体，而政府在旅游互动中的地位也将由主导变为引导、规范、协调、服务和监督。在国家之间旅游互动框架下，政府通过互动章程协议、规划和相关的政府或行业组织机构，引导、规范旅游市场，维护市场秩序，为旅游产业和旅游企业各项活动服务，协调并监督旅游企业活动，通过间接的方式影响互动国家的旅游企业行为。

政府主导旅游企业参与互动模式和政府引导旅游企业主体互动模式是我国旅游服务进出口互动的两种基本和主要模式，其中，政府主导旅游企业参与互动模式是旅游服务进出口互动初级阶段的产物，而政府引导旅游企业主体互动模式是旅游服务进出口互动发展到高级阶段的产物。由于国家间旅游服务贸易存在复杂性，在当前以及未来很长一段时间内，采取政府主导旅游企业参与互动的模式更符合我国旅游服务进出口互动的实际，而政府引导旅游企业主体互动的模式作为一种理想模式，在时机成熟之时（如国家之间建立很高的政治经济社会互信机制，实现一体化），可以在局部国家突破实现。

二　基于互动联系程度的互动模式

尽管我国已经与世界众多国家建立了旅游服务进出口互动的关系，可以相互成为旅游目的地和旅游客源地，但由于空间地缘关系和政治经济文化往来程度不同，我国与各个国家在政府、产业链、产业组织、资源环境的竞合程度也不同，因此我国与各个国家的旅游服务贸易互动密切程度也不一而同。按国家间旅游服务贸易互动联系水平，可把我国旅游服务进出口互动模式分层次、分圈层，划分为高依存度互动模式、中依存度互动模式和低依存度互动模式，由此形成旅游互动模式圈层（见图6－3）。根据历年我国出入境旅游经验，可把和我国有旅游互动关系的国家归入不同互动模式圈层，我国和不同圈层国家之间的旅游互动形式和内容也具有差异特征。在高依存度互动模式中，和我国旅游互动的国家指那些地理区位相邻且旅游服务进出口互动频繁的国家，如韩国、日本、俄罗斯、蒙古国、东盟国家等。这些国家因为地理相邻性、历史传承下来的交往传统、文化亲缘性等因素作用，一直以来和中国存在频繁的旅游服务进出口互动关系，是我国出入境旅游的最重要组成部分，构成了我国旅游服务进出口互动的基础。我国和这些国家的旅游互动方式和内容是最多元化的，除了相互成为旅游目的地和旅游

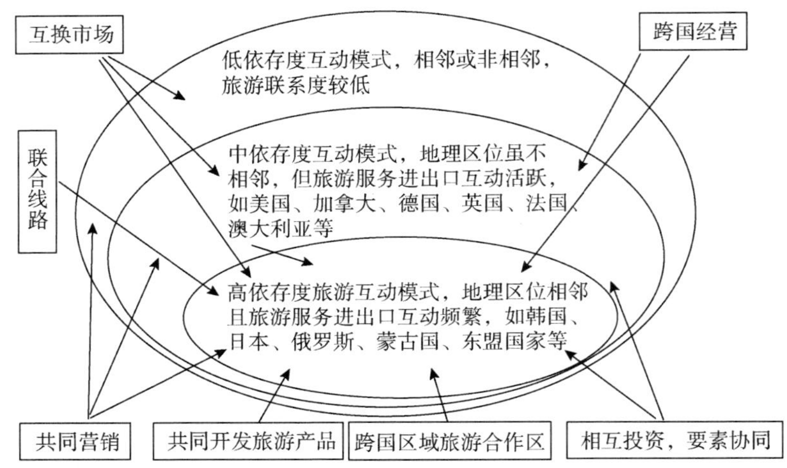

图 6－3 旅游服务进出口互动模式圈层

客源地为对方输送客源，还可共同推出联合线路，共同推广营销，共同开发市场，在我国和高依存度国家旅游互动市场条件成熟之时，将启动要素协同模式，实现旅游生产要素在互动国家之间的自由流动，根据市场需要进行旅游资源和产品协同开发以及资本协同、管理（技术）协同、劳动力协同、信息协同等，以各自比较优势形成旅游产业链，旅游企业还可进行跨国经营，提升海外竞争力。在和我国存在高依存度旅游互动的国家中，根据地理区位毗邻性特征以及旅游发展的需要，可在一定区域内形成跨国旅游合作区，在合作区内，旅游服务进出口互动将在各国宏观互动政策保驾护航下获得更便利的发展条件，实现突破性发展。在中依存度互动模式中，和我国旅游互动的国家指地理区位虽不相邻，但旅游服务进出口互动活跃的国家，如以美国、加拿大、德国、英国、法国、澳大利亚等为代表的西方国家，在多方面存在和我国旅游服务进出口互动的互补性。这些国家经济发达，居民收入水平高，休假制度完善，对我国东方文化感兴趣，旅游业发育程度高，而我国旅游者同样对西方传统文化、现代文明、异域风情充满兴趣，因此我国可以与中依存度国家在相互输送客源、相互推介营销、相互旅游投资、旅游要素协同、跨国经营等方面多方互动合作。低依存度互动模式中，我国和低依存度国家的旅游互动层次相对较低，主要为相互输送客源或相互营销。低依存度互动国家在地理空间方位上可以与我国相邻或者非相邻，随着我国与这些国家经贸关系发展的深入，旅游进出口互动也会得到强化，有可能向高依存度互动或者中依存度互动模式转化。互换市场是高依存度、中依存度和低依存度三种互动模式最基本的内容，由于我国与各国的经济发展水平、旅游规模的差异，均等型和主次型两种模式同时在互换市场过程呈现出来。

第七章　中国旅游服务进出口互动政策支持体系的完善

第一节　出入境旅游管理政策

一　出入境旅游管理政策演化概况

旅游活动的顺利开展需要一个基本条件，即可达性。所谓可达性，有三层含义：其一，旅游地之间要有交通通道、交通设施和交通运输工具；其二，旅游地要具备较为完善的通信设施，保障旅游者的信息资讯交流；其三，在国家和国家之间进行国际旅游活动时，出入境能便利化，减少出入境的障碍性因素。在所有服务贸易活动中，旅游服务贸易进出口是阻碍相对较小、容易开展的贸易活动。而出入境旅游是否发生，除了他国旅游吸引力、自身经济条件以及时间因素外，出入境是否便利化也是一个基本前提。因此，建立和完善出入境管理政策是旅游服务进出口互动的基本前提保障。

改革开放以来，在社会经济快速发展、人民生活水平显著提高、闲暇时间日渐增多以及和世界各国友好往来关系建立等利好因素的刺激下，我国公民对外来往日益密切，尤其出入境旅游活动日渐频繁，规模不断扩大。为了管理、规范出入境活动，我国制定了一系列法律法规。其中，管理、规范我国公民出入境活动的法律法规，主要包括：1985 年由第六届全国人大常委会第十三次会议通过，1986 年施行的《中华人民共和国公民出境入境管理法》；1986 年由国务院批准并由公安部、外交部、交通部联合发布的《中华人民共和国出入境管理法实施细则》；1997 年由原国家旅游局和公安部联合发布的《中国公民自费出国旅游管理暂行办法》；为了进一步规范旅行社组织我国公民出国旅游活动，保障出国旅游者和出国经营者的合法权益，更好适应入世规则，维护我国旅游业形象，2001 年由国务院第 50 次常务会议通过，2002 年起实施《中国公民出国旅游管理办法》，2007 年正式实施《中华人民共和国护照法》。此外，《中华人民共和国海关法》《中华人民共和国出境入境边防检查条例》等法律法规也是出入境管理、规范我国旅游者出入境行为的重要法律制度。为了维护我们国家的主权、安全和社会秩序，同时有利于发展国际交往，我国政府同样制定了外国人出入境的管理制度，包括：1985 年第六届全国人民代表大会通过，1986 年实施的《中华人民共和国外国人入境出境管理法》；1986 年国务院批准并由公安部、外交部公布，1994 年以及 2010 年国务院修订的《中华人民共和国外国人入境出境管理法实施细则》；2013 年施行的《中华人民共和国外国人入境出境管理条例》。2013 年起，我国对入境旅游人次排名靠前的 45 个国家公民提供 72 小时过境免签政策，如北京、上海、广州、成都、重庆、大连、沈阳等城市获批 72 小时过境免签，在实行免签政策的城市，这 45 个国家的公民只要拥有第三国签证和机票，不需要我国签证便可入境，并可在入境城市范围内游玩 3 天；2016 年获得 72 小时过境免签的国家增至 51 个，浙江、江苏、上海等省市有条件向 51 国开放 144 小时过境免签。这些管理制度为外国人入、出、通过我国国境和在我国居留、旅行提供了法律依据和管理准则，并提供了便利化条件。我国出台的关于出入境管理的一系列法律法规、政策制度在有效证件申请、签证、出入境的权利义务、限制、责罚以及旅行社经营出境游要求等方面均作了规定和说明。

二 完善出入境旅游管理政策的措施

随着我国与世界各国贸易往来日益密切，出入境旅游更趋活跃，旅游者对出入境便利化的要求更加迫切，其中关于签证的放宽、简化政策是出入境便利化的一个有效政策措施。通常，根据国家之间联系的密切程度和贸易往来关系，国家之间出入境签证待遇分为三个级别：（1）免签证，即一个国家和另一个国家之间出入境不需要签证，出境时间一般为7天至6个月不等，免签证通常是双边的；（2）落地签证，即从一个国家到另一个国家不需要签证，但需要在到达机场申请进入许可，通常是单边的；（3）签证，即从一个国家到另一个国家需要签证，因国家之间的外交关系和民间交流形式可分为签证容易类、签证政策收紧类等类型。根据出入境待遇级别的界定，从旅游者出入境便利化角度考虑，放宽、简化签证的政策应该从国家之间相互免签证以及落地签证等方面落实政策。

改革开放以来，我国政府在签证便利化政策方面积极作为，截至2020年8月，我国已经与147个国家缔结了互免签证协定①。近年来，我国出境旅游市场迅猛发展，出境旅游对开阔我国公民视野、丰富精神生活以及提升素质大有裨益，同时我国规模庞大且消费能力高的客源市场成为世界众多旅游目的地国家竞相争夺的对

---

① 龚春辉：《最新！中国与外国互免签证协定一览表来了》，https://baijiahao.baidu.com/s?id=1678701638981191118&wfr=spider&for=pc，2020年。

象，便利化的签证政策即为吸引我国游客的重要措施手段。我国和世界上众多国家在签证政策方面积极合作，为我国公民出境旅游提供了便利化条件。截至 2021 年 1 月，有 73 个国家（地区）对我国公民实现免签或落地签政策，具体情况见表 7－1。由表 7－1 可知，尽管已经有不少国家（地区）对我国公民施行了出境旅游免签或落地签政策，但是这些国家（地区）基本上具有“穷乱国（地区）”特征，和我国相互成为重要旅游客源国和目的地国的多数国家（如美国、加拿大、澳大利亚、俄罗斯、英国、法国、德国等）并未在签证便利化国家之内，表明“中国护照含金量”还需加强。为此，我国相关政府部门还需为便利我国公民“走出去”做努力：首先，要加强我国和其他国家（地区）增信释疑，共筑“便利人员交往有助于互利共赢”的观念；其次，通过政府间的磋商机制推动相关国家（地区）简化我国公民申办签证手续；最后，保证国家安全和防范非法移民等问题是一个国家强化严格签证制度的重要考虑，为此，我国应加强与有关国家在保障国家安全、防范打击非法移民等问题上的交流和合作，以尽可能争取和更多国家（地区）签订签证便利化协议。

表 7－1　对我国公民出境旅游免签或落地签的国家（地区）

签证类别	国家（地区）
互免签证（15 个）	阿联酋、巴巴多斯、巴哈马、波黑、厄瓜多尔、斐济、格林纳达、毛里求斯、圣马力诺共和国、塞舌尔、塞尔维亚、汤加、白俄罗斯、卡塔尔、亚美尼亚
单方面免签（18 个）	印度尼西亚、乌兹别克斯坦、韩国（济州岛等地）、阿曼、阿尔巴尼亚、摩洛哥、法属留尼汪、突尼斯、安提瓜和巴布达、海地、南乔治亚和南桑威奇群岛（英国海外领地）、圣基茨和尼维斯、特克斯和凯科斯群岛（英国海外领地）、牙买加、多米尼克、美属北马里亚纳群岛（塞班岛等）、萨摩亚、法属波利尼西亚

续表

签证类别	国家（地区）
单方面落地签（40个）	阿塞拜疆、巴林、东帝汶、印度尼西亚、老挝、黎巴嫩、马尔代夫、缅甸、尼泊尔、斯里兰卡、泰国、土库曼斯坦、文莱、伊朗、约旦、越南、柬埔寨、孟加拉国、马来西亚、埃及、多哥、佛得角、加蓬、科摩罗、科特迪瓦、卢旺达、马达加斯加、马拉维、毛里塔尼亚、圣多美和普林西比、坦桑尼亚、乌干达、贝宁、津巴布韦、圭亚那、圣赫勒拿（英国海外领地）、帕劳、图瓦卢、瓦努阿图、巴布亚新几内亚

资料来源：笔者根据外交部网站和中国领事服务网《有关国家和地区单方面有条件地允许中国公民免签入境和办理落地签情况一览表》整理而得。

长期以来，我国旅游服务贸易保持着顺差水平，然而从2009年开始出现逆差，且在一定时期呈扩大之势。我国国际旅游业在这样的一个发展背景下，既要为出境旅游（旅游服务进口）创造条件，同时更要提升入境旅游（旅游服务出口）的竞争力，不断完善外国旅游者入境签证政策。通过互信磋商机制的建立，争取让更多国家，尤其我国重要旅游客源地国家入境免签或落地签，让我国更多城市获得72小时或144小时过境免签政策的优惠，以此争取到更多的国际旅游客源。在入境签证管理实际工作中，积极为入境旅游者提供便利条件，如增加人手、简化手续、提高工作效率加快办理签证时间等。在互联网高度发达的时代，运用电子信息技术提供办理电子签证服务，可免入境旅游者奔波之苦，提高签证效率。或者以其他方式提供签证便利化服务，如延长一些国家的旅游者在我国签证时间，或对一些国家的团体旅游者免签证等。

“来一场说走就走的旅行”是当今时代旅游者对于旅游活动，尤其是国际旅游活动的期望和目标，通过签证放宽、简化政策的实施，可以为旅游者节约出入境的时间成本，为旅游流的国际流动提供更为便利的条件，从而提高旅游流动的效率，进而提升了旅游服务进出口互动的效率和竞争力。

第二节　旅游产业管理政策

一　旅游产业管理政策演化概况

旅游服务进出口以旅游产业作为载体支撑，只有旅游产业发展壮大，旅游服务出口和进口才有良性互动和上升发展的空间。改革开放以来，我国陆续出台一系列旅游产业管理政策以确保旅游产业的健康有序发展①，具体如下。

1978 年党的十一届三中全会后，宏观政策上把旅游业逐步纳入国民经济轨道，形成以观光为主，同时涵盖会议、商务、体育、医疗保健、娱乐、休闲度假为一体的旅游经济产业。微观政策上进行管理改革，逐步实现旅游企业管理的科学化、集团化和国家化。

1981 年，国务院第一次组织召开全国旅游工作会议，明确我国旅游业定位：旅游业是一项综合性经济事业，是国民经济的一个组成部分，是关系到国计民生的一项不可缺少的事业。

1986 年，我国正式将旅游业确定为国民经济体系的支柱产业，将旅游业写进了“七五”计划中，实质性地实现了旅游业由事业型向产业型的转变。

1998 年，中央经济工作会议将旅游业确定为国民经济新的增长点，旅游业在国民经济和社会发展中的作用受到高度重视，被真正纳入国家经济主流位置，旅游业获得很好的政策支撑。

2001 年，国务院在《关于进一步加快旅游业发展的通知》中指出：要努力扩大旅游发展规模，进一步发挥旅游业作为国民经济

① 国家旅游局旅游促进与国际合作司、中国旅游研究院：《中国入境旅游发展年度报告 2012》，旅游教育出版社 2012 年版。

新的增长点的作用；有效整合“行、游、住、食、购、娱”等要素，完善旅游产业体系；不断深化旅游管理体制和旅游企业改革，进一步扩大旅游业的对外开放；实施精品战略，努力建设和推出一批在海内外旅游市场上影响大和竞争力强的旅游景区、景点和旅游线路。

2006 年，我国旅游业发展“十一五”规划纲要明确提出要把旅游业培育成为国民经济的重要产业。

2009 年，《国务院关于加快发展旅游业的意见》明确提出要把旅游业培育成为国民经济的战略性支柱产业和人民群众更加满意的现代服务业。

2013 年，国务院颁布实施的《国民旅游休闲纲要（2013—2020）》提出了国民旅游休闲发展目标：到 2020 年，职工带薪休假制度基本得到落实，城乡居民旅游休闲消费水平大幅增长，国民休闲质量显著提高，与小康社会相适应的现代国民旅游休闲体系基本形成。

2013 年，《中华人民共和国旅游法》颁布实施，为保障旅游者和旅游经营者合法权益、规范市场秩序、保护和合理利用资源、促进旅游业持续健康发展提供了法律依据。

2014 年，国务院印发的《关于促进旅游业改革发展的若干意见》指出要加快旅游业改革发展，提出了未来一定时期内旅游改革发展的重点任务以及针对旅游改革发展存在的困难和问题的政策措施。

在大众旅游背景下，为了解决我国旅游有效供给不足、市场秩序不规范、体制机制不完善等突出问题，国家大力发展全域旅游。发展全域旅游，即将一定区域作为完整旅游目的地，以旅游业为优势产业，统一规划布局、优化公共服务、推进产业融合、加强综合管理、实施系统营销，从而有利于提升旅游业现代化、集约化、品质化、国际化水平，更好满足旅游消费需求。基于上述目标，为了更好指导各地促进全域旅游发展，国务院办公厅于 2018 年发布《关于促进全域旅游发展的指导意见》。

此外，助推我国旅游业发展的其他政策措施还包括：2010 年银监会出台我国金融业助推旅游业建设战略性支柱产业的措施；2012 年中国人民银行联合银监会、证监会、旅游局等部门联合下发的《关于金融支持旅游业加快发展的若干意见》；2010 年《国家中长期人才发展规划纲要（2010—2020）》中首次将“加快旅游等现代服务业人才培养开发”列为加强全国专业技术人才队伍建设的主要举措等。

二　完善旅游产业管理政策的措施

（一）旅游产业转型升级政策

我国的旅游业起步于入境旅游，随后按照国内旅游、出境旅游的路径发展，最终形成三足鼎立之势。无论是入境旅游还是国内旅游，我们国家长期以来是以大自然赋予的鬼斧神工的自然景观和老祖宗遗留的绚丽多彩的人文遗产为卖点大力发展观光旅游，形成了“白天看庙看山看水，晚上睡觉”“上车睡觉，下车拍照”的旅游特色。以观光旅游为主的旅游发展方式曾经有力地推动了我国旅游业的发展，满足了旅游者的旅游需求，但随着时代的变迁，以观光旅游为主体的旅游方式遇到了发展瓶颈。当今时代的旅游者的旅游需求更趋多元化，旅游方式由到旅游目的地观光的方式转变为休闲、度假、旅游、文化体验等相结合的深度式体验游，对旅游服务的要求更高。尽管当前我国入境旅游市场的发展增势不如出境市场迅猛，呈现出增速放缓态势，但入境市场依然巨大，为提升我国旅游业的吸引力和竞争力，旅游产业转型升级势在必行，需要有保障旅游产业转型升级的政策相配套。

首先，建立完善的旅游产品体系，满足旅游者多元化的旅游需求。根据中国旅游研究院完成的“入境旅游行为调查问卷”的调查结果，入境旅游者目的地选择最主要的影响因素是旅游吸引力，其次才是旅游费用。入境旅游者在中国参与的旅游项目多样化特征明显，包含了文物古迹、文化艺术、山水风光、美食烹调、购物消费、节庆会展、气候生态、医疗保健、乡村度假、学习培训、建筑设施等项目，其中文物古迹、文化艺术、山水风光、美食烹调、购物消费是入境旅游者主要参与的旅游项目[①]。在全域旅游建设背景下，在“旅游+”战略指导下，结合我国入境旅游需求特点，充分发挥旅游业拉动融合力，通过“旅游+文化”“旅游+会展商务”“旅游+生态”“旅游+医疗保健”“旅游+互联网”等旅游和多产业融合发展，构建类型多样的产品体系，提升入境旅游产品吸引力。依托我国丰富的各种旅游资源，充分挖掘旅游资源中的文化因素，做到文化与旅游的有机融合，提升观光旅游的层次，同时加大休闲度假等内容，丰富产品内涵，提升产品层次，以完善的旅游产品体系满足旅游者多元化的旅游需求。在旅游产品体系建设中，享受美食是入境旅游者的主要动机之一，也是旅游活动的重要构成要素，因此，要充分挖掘我国的美食烹调资源，使美食和文化、山水、休闲度假等融为一体。除此以外，还需注意到入境旅游者对购物消费的巨大需求，升级我国的旅游购物产品体系。在旅游购物产品体系构建中，既要突出挖掘旅游购物品的特色，提升购物品的质量和层次，同时也要思量如何提高旅游者购物消费水平。众所周知，我国出境旅游市场巨大，消费能力惊人，尤其偏好购物，为了改变我国旅游服务进出口贸易逆差的现状，把我国旅游者的境外消

---

① 国家旅游局旅游促进与国际合作司、中国旅游研究院：《中国入境旅游发展年度报告2012》，旅游教育出版社2012年版。

费转为境内消费，同时吸引入境旅游者的购物需求，可考虑在国内建立并完善免税购物体系，建立免税购物区，提高免税商品的价格竞争力，吸引更多旅游者将钱花在中国，以此逐渐优化我国旅游服务进出口结构。

其次，完善旅游服务基础设施和配套设施，提升旅游服务质量。旅游产品服务性特征显著，旅游者旅游过程中购买的主要是服务产品。我国依托丰富且品质高的旅游资源成为旅游大国，但还不是旅游强国。旅游业转型升级和提升国际吸引力要以旅游资源为基础，更应重视旅游服务质量的建设和提升。我国旅游业的服务基础设施和配套设施等硬件总体偏弱，如公共厕所环境差、餐饮设施环境差且食品卫生存在安全隐患、景区无障碍设施较缺乏、旅游指示标志不明显等，还有些地区虽然有好的旅游资源条件，但旅游接待条件明显不足，这都成了制约入境旅游发展的因素。我国旅游业要转型升级，需要在“吃住行游购娱”等方面相互配合，不断完善旅游服务基础设施和配套设施，并提升旅游服务质量。

再次，完善我国的休假制度，为我国旅游产业转型升级提供时间保障。经济条件和闲暇时间是旅游者进行旅游活动决策的两大基本影响因素。在进行旅游活动决策时，在经济条件许可条件下，只有充裕的闲暇时间，旅游活动方可落实成真。1995 年我国开始实行双休日制度，1999 年新的节假日政策出台后形成黄金周旅游格局，2007 年节假日进行了调整。我国休假制度的演化为旅游者提供了闲暇时间的保证，对旅游活动行为、旅游形式以及消费等均产生了深远的影响。2013 年《国民旅游休闲纲要（2013—2020）》提出的一个重要的国民旅游休闲发展目标就是：到 2020 年，职工带薪休假制度基本得到落实。而为了解决职工带薪休假难落实的问题，2019 年，国家发改委等九部门联合发布《关于改善节假日旅游出行环境促进旅游消费的实施意见》，要求加大力度落实职工带薪休假制度。

力保带薪休假制度的落实在保障闲暇时间的同时，更有助于缓解黄金周旅游压力，使旅游者未来的旅游活动更加自如闲适。休假制度的落实不仅保证了我国公民的休息权利，同时也为我国旅游产业的发展和转型升级提供了时间保障。

最后，做好我国旅游业的营销工作，提升我国旅游产品知名度和美誉度。旅游资源和服务质量构成了旅游产品吸引力的基础，旅游产品吸引力以营销工作为媒介传播扩散，为此，我国应做好旅游营销工作。旅游形象是旅游者对旅游目的地认知的起点，塑造国家旅游形象是当前众多国家进行国际旅游市场营销主要运用的方式，可通过统一的、鲜明的、辨识度高的国家旅游形象的塑造整体营销一个国家的旅游。我国从 1992 年开始每年设立旅游主题年，并相应配套宣传口号，对我国旅游业的对外推广宣传起到很好的作用，但旅游主题过于分散，没有对外形成统一的认知形象。从 2013 年起，把“美丽中国之旅”确定为我国旅游整体形象，配套有旅游整体形象标识。“美丽中国之旅”具有丰富内涵，它代表着中国博大精深的文化底蕴和极为富集的自然、人文旅游资源，代表着中国改革开放以来的经济建设之美、政治建设之美、文化建设之美、社会建设之美、生态文明建设之美，也代表着中国旅游业以生态文明为核心理念来引领和影响全球旅游业发展方向的努力，是对“中国旅游”准确、形象、全面且深刻的诠释①。该形象是我国旅游之美的全面展示，是我国旅游产业转型升级的最好营销，为入境旅游提供绝佳契机。在对外进行国际旅游形象营销中，要以国家相关政府部门为主导，联合旅游企业围绕“美丽中国之旅”主题形象有针对性地展开一系列营销。

---

① 《“美丽中国之旅”正式确定为中国旅游整体形象》，https：//ly. heuet. edu. cn/info/1069/1521. htm，2013 年。

（二）国际旅游产业互动政策

旅游服务进出口互动要求我们既要在本国内修炼内功，以优质的旅游产品和高品质的服务质量吸引入境旅游者，提高旅游服务贸易出口水平，同时也要为我国旅游者出境旅游创造条件，这就要求我们要积极主动和世界各旅游贸易国家加强联系，完善国际旅游产业互动政策。

在国家层面上，作为国家旅游服务进出口互动系统的主导者，我国政府要与他国政府通力合作，构建旅游服务贸易良性互动的制度机制，搭建旅游产业在要素、产品和营销等方面的互动合作平台，为旅游服务进出口互动顺利进行创造良性互动的环境。

在企业层面上，我国旅游业已经全面放开的背景为我国旅游企业与外国旅游企业的互动提供了机遇和挑战。根据我国加入世界贸易组织（WTO）的承诺，截至2005年，包括旅行社在内的旅游业全面开放，刺激了旅游要素根据市场规律在国家间流动进行优化配置，我国规模庞大的旅游消费群体吸引国外旅游企业大举进入我国市场，为我国旅游企业提供了学习成长的机会。我国旅游企业应该抓住这个机遇加强与外国旅游企业互动合作，通过合作、并购等方式以各自比较优势结成战略联盟，合理分工，形成市场共拓、利益共享的互动共赢局面。外国旅游企业进军我国市场也使我国旅游企业处于激烈竞争的境地。在和外国旅游企业合作互动过程中，我国旅游企业应以积极的心态，引进外国企业先进经营管理理念和制度，学习先进管理技术，引入专业人才，在合作互动中提升我国旅游企业的现代化管理水平，进而提高市场竞争力。

在以旅游企业为市场主体进行旅游服务进出口互动过程中，还应实施鼓励我国旅游企业跨国经营的政策，鼓励我国旅游企业对外投资，利用我国的资本优势、人才优势和技术优势对外投资酒店、旅游装备制造业、大型旅游娱乐设施行业、旅游商品行业等，实现外汇环流，扩大我国 GNP 水平，从而减少旅游服务进出口贸易的逆差水平。

（三）旅游人才培养政策

要顺利实现我国旅游产业转型升级，要向旅游者提供高质量的旅游产品和高品质的旅游服务，要促进我国旅游经济持续增长，要提高我国旅游服务贸易的竞争力水平，都需要高素质、高能力的旅游人才作为支撑。尽管改革开放以来我国旅游人才培养已经取得很大成绩，为我国输送了不少旅游专业人才，但和欧美旅游强国相比，我国的人力资源竞争力仍然偏弱，这将在一定程度上制约我国在旅游服务进出口互动中的竞争能力。为此，在对外开放的背景下，在旅游服务贸易频繁互动的条件下，应完善人才培养政策。一方面，优化我国旅游教育体系，形成高等教育和职业教育协调发展的教育结构；另一方面，和旅游服务贸易各国加强旅游教育合作，通过召开国际旅游教育研讨会、相互培养旅游人才等方式提高人才培养的国际化水平。

第三节　交通通信发展政策

交通和通信均是旅游可达性包含的基本内容，对旅游活动起到促进或阻碍的作用。当旅游地之间交通连接性好、通信发达则促进旅游发展和旅游地之间的良性互动，反之则妨碍抑制旅游发展和旅游地之间的互动。基于此，制定完善的交通和通信发展政策以保障旅游服务进出口良性互动。

一　交通发展政策

交通发展对区域旅游开发、区域旅游合作互动均具有重要的意义。交通系统是旅游成功发展的基础条件，适宜的交通系统能使已经衰退或消亡的旅游中心区再次焕发出生机活力，并能重新吸引大量旅游者（Prideaux，2000）。基于促进我国旅游服务进出口互动良性发展目标，完善我国交通发展的政策应从对外交通和对内交通两方面着手。

对外交通方面，构建和完善我国与旅游服务进出口互动国家的交通网络。我国和众多旅游服务进出口互动国家之间存在毗邻或者非毗邻的空间地理关系，互联互通存在着陆路相连或者水路相通或者航空联结多样化特征，因此，应构建陆路交通、水路交通以及航空交通三位一体的国际交通网络体系。在和毗邻国家旅游合作的过程中，着力联手打造公路、铁路或者水路国际通道，以实现旅游者出入境交通便利化，并以国际交通通道为轴串联合作国家的旅游景区景点，共同打造区域性国际旅游精品线路，实现“大交通、大旅游和大市场”的互动合作格局。由于快速便捷高效的优势，航空交通是国际旅游客流流动的最主要方式，是我国旅游者出境旅游以及外国旅游者入境中国的最主要交通方式。在国际航空联通方面，和旅游服务进出口互动国家合作开通或者增加国际航线航班，实现国家间主要旅游城市的直航，提供旅游包机等航空服务，提升航空服务质量。通过相关的国际立体交通网络建设政策的实施为相互输送国际旅游客源提供便利化条件，实现旅游服务贸易互动共赢。

对内交通方面，构建和完善全国性高效便捷的立体交通网络，引导入境旅游者在我国境内扩散。在旅游服务贸易竞争力评价中，我国在航空设施和路面交通设施等方面与欧美旅游发达国家相比存在一定差距，我国的交通设施和交通条件不仅总体水平较低，而且在国内的空间布局不均衡，经济发达地区和欠发达地区交通条件差距大，这在一定程度上成为导致入境旅游流在我国分布失衡、制约入境旅游者在我国境内流动扩散的主要原因，形成了我国经济发达地区入境旅游者规模大、创汇能力高而经济欠发达地区入境旅游者规模小、创汇能力低的失衡格局。为此，我国应构建和完善全国性高效便捷的立体交通网络，不仅让入境旅游者“进得来，出得去”，而且能在国内“散得开”。首先，完善航空运输交通，在主要旅游城市、热点旅游景区所在地建设机场，方便旅游者进出旅游地和景区，增加航线航班，提高航空运输服务质量。其次，完善铁路交通网络，提高铁路运输速度。铁路网络覆盖面广，连接线路长，是我国很重要的运输方式，当前更应加大高速铁路的建设和运营。高速铁路高效便捷，大大缩短了城市间的空间距离，通过我国主要旅游城市的高速铁路联结，缩短了旅游者花在路上的交通时间成本，延长了旅游者在旅游地的停留时间，是我国区域旅游合作的强有力助推器。再次，完善公路交通网络建设。公路交通覆盖面广，不仅连接了我国主要的城市，而且是把我国城市和县城、县城以及各乡镇农村连接起来的基本交通方式。我国各城市之间基本实现了高等级公路的联结，四通八达，交通较为通畅，但从整体空间格局看，公路网密度偏小，等级偏低，路况较差。我们国家一些资源禀赋好的自然景区（景点）地处深山老林，一些极具吸引力的少数民族特色风情旅游资源所在地也地理位置偏远，交通闭塞，而从中心城市到一些县市旅游区（景点）的公路交通偏落后，尤其是主要依靠公路连接的县城和县城、县城到乡镇或者农村之间的公路路况更是不甚如人意，成了这些拥有丰富旅游资源地区旅游业发展的主要障碍。为此，需要加大偏远地区以及城市以下行政区域的公路交通建设，提高公路等级，优化交通条件。最后，在水运交通方面，我国水路四通八达，是一些地区的传统和主要交通方式，在提高水路运力的同时，更应该把水运交通和旅游有机融合，开发水运旅游项目，实现旅游者“行中游，游中行”的双效旅游体验。

在构建和完善我国航空、陆路、水路三位一体的交通体系过程中，为了改变我国交通发展在区域间不均衡的状态，促进拥有丰富旅游资源的中西部地区的旅游业发展，应加大对中西部地区，尤其是偏远落后地区的交通投入，吸引更多入境旅游者深入我国内陆腹地，体验我国丰富多彩的多元化旅游，以旅游业的发展更进一步促进落后地区经济发展。

二　通信发展政策

通信业是我国主要的基础设施，对我国各行各业发展起到强有力的支撑作用。通信业对旅游业的发展有着重要的影响，是旅游业可达性的一项重要内容，是衡量旅游业竞争力水平的一项关键指标。总体而言，我国通信设施和欧美发达国家相比还比较落后，对旅游业的支撑作用还有待进一步提升，为此必须完善我国的通信发展政策。当今时代的旅游活动和通信设施相伴相随，智能手机、平板电脑、手提电脑等智能终端通信设施与旅游者在旅游途中形影不离，旅游者对通信设施的要求越来越高，通话设施和网络设施缺一不可。不断完善通信发展政策，推动“旅游＋互联网”战略实施，推动智慧旅游的发展。通过普及智慧旅游，运用云计算和物联网等新技术，通过互联网和移动互联网，并借助便携的智能终端，主动整合旅游资源、旅游活动、旅游者和旅游经济等方面的信息并及时发布，方便人们及时便捷地感知和获取旅游信息。提高通话网络覆盖率，扩大移动互联网与无线局域网的范围，通过智慧旅游的普及，让旅游者在旅游过程中随时随地能与外界保持联系，运用智能终端随时随地能查询跟旅游相关的信息，以便捷的通信提高旅游效率和旅游质量。通信发展不仅能促使旅游活动便捷化、多元化和个性化，而且是旅游营销的重要方式。旅游者运用智能终端随时随地分享旅游美景、美食、住宿信息，分享旅游感受等，旅游者在获得良好旅游体验的同时，通过智能终端的即时传播也使旅游目的地获得了绝好的免费营销。智慧旅游是发展的大趋势，为了给旅游者提供良好的智慧旅游服务，需要对智慧旅游资源进行整合，为此，必须加强我国旅游各省市的合作联动，推动通信运营企业与旅游企业的战略合作。

第四节　金融支持政策

加快旅游业发展，提升旅游吸引力和竞争力水平，把旅游业培育成国民经济战略性支柱产业，离不开金融业的支持。2012 年，中国人民银行联合银监会、证监会、保监会等部门联合下发《关于金融支持旅游业加快发展的若干意见》，体现了金融业对旅游业的支持和服务。加大金融业支持促进旅游业加快发展的政策主要体现在以下几个方面。

第一，政府从国家层面加大对旅游业的财政金融支持。政府从宏观层面加强金融信贷政策与旅游产业的协调对接，为金融资源在旅游产业的优化配置以及促进旅游产业发展提供支持。当前政府对旅游业的财政金融资金支持主要体现在旅游国债、旅游发展基金、旅游发展专项基金、政策性银行贷款财政贴息、用于扶持旅游的国家扶贫资金五个方面，这些资金主要用于加强旅游基础设施建设，重点支持资源品位较高、发展潜力较大、所依托的主要交通干线建设已基本完成的国家级或省级旅游景区的项目（叶春明和赵宇华，2009）。国家各级政府要加大对旅游基础设施的资金投入力度，尤其是向中西部地区倾斜，优先支持中西部地区景区旅游资源开发和旅游基础设施建设，提升中西部地区旅游吸引力，缩小我国不同地区旅游发展差距。

第二，金融机构从微观层面加大对旅游企业的信贷支持。当前，我国旅游企业普遍存在资金积累和融资困难问题，通过金融机构对旅游企业多渠道的信贷支持，切实解决旅游企业资金难题。要按国家政策规定对有资源优势和市场潜力而暂时缺乏资金发展的旅游企业提供积极的信贷支持。旅游企业具有明显的淡旺季之分，旺季来临时往往面临大规模接待与缺乏资金匹配的困境，金融机构应对旺季旅游企业实施短期小额贷款，为了加快贷款的效率，金融机构应适当简化贷款审批手续，确保条件符合的旅游企业获得快捷方便的信贷，解决旅游企业旺季资金短缺的困境。旅游企业，尤其旅行社和旅游服务公司的规模普遍较小，从财务上和经营上看，经营风险很大，难以满足银行资金的稳定性要求，从而无法获得银行贷款（那铭洋，2012）。金融机构应积极创新信贷服务方式，加大对小型微型旅游企业的信贷支持，创新信贷服务方式，同时加强对已经落实国家财政金融资金的中西部地区重点景区的信贷资金配套支持。

第三，鼓励旅游企业参与资本市场运作，支持拓展旅游企业多元化融资渠道和方式。我国旅游企业总体规模偏小，作为旅游经济活动的主体，难以产生规模效应和范围效应，难以和国际旅游企业抗衡。为了把我国旅游企业做大做强，提升我国旅游企业的竞争力，应积极鼓励旅游企业在资本市场上多渠道和多方式融资。一是支持旅游企业上市融资，二是通过债务融资渠道加强对旅游企业的资本支持力度，三是鼓励和引导社会资本流向旅游业。

第四，通过金融支持的方式，不仅要把我国旅游企业做大做强，成为民族品牌，更应鼓励我国旅游企业实施“走出去”战略，进行跨国经营，参与国际市场竞争和合作，进行国际资本市场融资，提升国际竞争力和影响力。为此，金融机构要为旅游企业“走出去”提供更加有针对性的金融服务，完善旅游外汇兑换服务体系，便利旅游企业的跨境投资。

第五，创新旅游金融产品和服务形式，提升金融服务质量。一是关于探索有效解决旅游景区贷款问题。我国旅游景区所有权隶属国家，实际经营者只拥有经营权，旅游资源的产权仍然没有界定清楚，这就导致了信贷主体不清，从而难以获得银行信贷资金的支持（那铭洋，2012）。而作为旅游业的核心主体，景区对资金的需求量大，为此，金融机构应着手在合规且风险可控情况下探索借贷模式，给予景区更大的信贷支持，如探索尝试开展旅游景区经营权质押和门票收入权质押业务等。二是进一步完善旅游业金融基础设施建设。通过增加旅游人流密集场所的金融基础设施建设，如在旅游景区景点增设金融服务网点和自动提款机等服务设施，提高旅游业金融服务的便利性。三是创新金融支付方式，为旅游者提供便利化金融服务。随着通信和信息技术的发展，诸如移动金融软件支付、微信支付、支付宝支付等方式，凭借其高效便捷性的优势，逐渐成为旅游者旅游支付的新宠和主要手段，金融机构应联合在线旅游服务商、电子信息机构等部门合作开发多元化便捷支付方式，同时加强同境外金融机构的合作，在国际旅游中为出入境旅游者提供更为高效的便利化金融服务。

第六，发展和完善旅游保险市场。旅游保险产生的前提是旅游风险的客观存在（杨复兴和舒海，2012），旅游作为一项空间位移活动，无论是旅游企业的经营活动，还是旅游者的旅游活动，均存在不可预知的对生命和财产造成损害或损失的风险。为了降低旅游风险，支持发展和完善旅游保险市场，一是培育旅游企业和旅游者的风险意识，鼓励旅游企业和旅游者购买相关保险产品化解经营或者旅途的风险；二是鼓励保险公司针对旅游业的特性开发设计多元化保险产品，以满足旅游企业和旅游者的保险需求；三是规范旅游保险市场，保障旅游企业尤其是旅游者的合法权益。

第五节　科技发展政策

长期以来，旅游业一直被冠以“劳动密集型产业”或是“资本密集型产业”的标签，旅游业很少和科技联系在一起。随着科学技术日新月异的发展，科技和旅游业逐渐融合，科技对旅游业的影响越来越深远，旅游业的发展也越来越依赖于科技的投入和支持，如智慧旅游则是旅游业和科技完美结合的产物，运用智慧旅游方式实现了旅游供给和旅游需求的有机对接，实现了旅游行业管理和旅游者需求满足的有效结合。以科技促旅游业发展主要体现在以下几个方面。

第一，通过科技的运用实现对旅游资源的保护。在各类自然或者人文旅游资源通过开发满足旅游者需求的同时，由于自然或者人为等原因，不可避免地会对旅游资源产生破坏作用。通过限定旅游环境容量、旅游规模等方式能在一定程度上缓解对资源的破坏，更为重要的是通过科技手段的运用可加强对资源的有效保护，实现旅游资源的可持续利用。

第二，通过科技的运用增加旅游者的旅游体验。传统走马观花式的观光旅游让旅游者的旅程如蜻蜓点水般快速而过，难以跟旅游客体有深层次的接触，而旅游者在参与旅游活动的过程中越来越重视旅游体验，通过科技的运用可以增加旅游者的旅游体验。一方面，以科技手段为支撑，以各种科技资源为吸引物，大力发展融参观、考察、学习、娱乐、购物等活动于一体的科技旅游，以满足旅游者增长知识、开阔视野、丰富阅历、休闲娱乐等旅游需求；另一方面，在多种旅游活动中，尤其是主题式旅游活动中，通过科技的运用，可以为旅游者创造身临其境的旅游体验环境。

第三，通过科技的运用提升旅游服务的质量，实现旅游业的高效管理。旅游者越来越强调服务质量，旅游工作中辅以科技的运用，尤其推动信息技术在旅游业的广泛运用，能给旅游者在旅游活动前、旅游活动中和旅游活动后每个阶段都带来高效便捷优质的服务，在景区、酒店、餐馆等旅途任何地方都可以享受科技带来的旅游优化服务。把信息技术用于旅游，尤其是注重智慧旅游在旅游产业中的运用，通过先进信息化手段和工具的运用，把旅游资源产品开发、旅游目的地建设、旅游智慧营销、旅游智慧服务以及智慧旅游电子政务和旅游者需求有效整合，掌握并及时更新旅游者的旅游需求数据信息，满足旅游的个性化定制需求。

第六节　资源环境管理政策

大力发展我国旅游业，提升我国入境旅游吸引力和旅游服务贸易出口竞争力，需要加强资源环境管理，理由有三：一是各类自然和人文旅游资源是旅游业发展尤其是旅游服务进出口互动开展的前提和基础，而多数旅游资源具有不可再生性，一旦遭到破坏则难以复原甚至永远消失，坚持保护准则是旅游资源开发的底线。二是旅游业由于其资源无须过多生产加工即可利用的特性，一直以来被冠以“无烟产业”的美誉，因而导致大力发展旅游业的过程中放大其经济性而忽略了其对生态环境的破坏。在旅游业蓬勃发展的势头下，不能忽视旅游目的地有一定的旅游环境容量和环境承载力，旅游发展超过环境承载的限度，则会造成对旅游资源的破坏和游客体验的下降，旅游经济也会逐渐衰退，产生“旅游杀死旅游”现象（庞闻等，2011）。三是自然环境和社会人文环境既是旅游活动赖以开展的环境条件，其本身也构成了旅游产品的一部分，一旦环境因素遭到破坏，环境条件恶化，意味着旅游产品品质的下降，降低我国旅游产品的吸引力和竞争力。中国旅游研究院发布的《中国入境旅游发展年度报告2014》认为入境旅游发展的不确定性因素增加，除去经济形势、国家关系等常规因素，天气环境等因素的加入使入境旅游发展环境越来越复杂，特别是雾霾天气成为入境旅游的主要影响因素之一①。

旅游发展中坚持资源环境的保护意义重大，2001年，国务院公布的《关于进一步加快旅游业发展的通知》中明确提出："坚持旅游资源的严格保护、合理开发和永续利用相结合的原则，正确处理好自然景观、人文景观的保护、研究、利用的关系，协调好经济效益与社会效益、眼前利益与长远利益、局部利益与全局利益的关系，实现旅游业的可持续发展。"2013年，国务院颁布实施的《国民旅游休闲纲要（2013—2020）》提出的一个发展目标是让健康、文明、环保的旅游休闲理念成为全社会的共识。坚持资源开发和环境保护相结合的原则，实现旅游可持续发展是旅游业发展的必经之路和发展方向。完善旅游业发展的资源环境政策应从以下几个方面着手。

第一，从国家层面为旅游业发展创造良好的生态环境。在国家层面上，通过节能减排、保护和优化环境等政策的实施，淘汰落后产能，大力发展节能减排的新兴产业，实现我国产业转型升级和产业可持续发展，同时为旅游业发展创造良好的生态环境。

第二，大力发展生态旅游。生态旅游作为一种把旅游和生态资源环境有机融合的新的旅游业态，应大力倡导发展。生态旅游在促进当地居民经济水平提高的同时，兼顾了生态环境的改善和优化的社会行为，以促进当地居民经济生活质量的提高。生态旅游是我国生态环境面临严峻挑战下探索经济增长方式转变途径的现实选择

① 钱春弦：《中国旅游研究院报告称：雾霾成为我国入境旅游主要影响因素之一》，http：//www. gov. cn/xinwen/2014 -10/20/content_2767920. htm，2014年。

（齐子鹏等，2008）。生态旅游经济对生态环境的友好和亲和使之理所当然地成为21世纪最为时髦和备受推崇的绿色经济，也不可避免地成为资本追逐的新的目标和热点（唐静，2009）。

第三，普及资源环境保护观念，为旅游资源环境保护提供意识保障。行动受观念的影响，观念是行为的指向标。在发展旅游的过程中，要求旅游企业以及旅游者作出符合旅游可持续发展要求的行为，首先要对旅游企业和旅游者进行教育，普及资源环境保护观念，树立旅游可持续发展意识。同时，要注重良好人文社会环境的培育，旅游活动归根结底是人与人互动的过程，旅游目的地的人对旅游者的态度对提升旅游者满意度显得尤其重要，因此，旅游企业诚信经营，为旅游者提供优质服务，旅游地居民文明有礼，热情好客，让旅游者宾至如归，满意度提升，如此一来，旅游目的地的吸引力和竞争力水平会得到进一步提升。

第八章　中国—东盟旅游服务进出口互动案例分析

第一节　中国—东盟旅游服务进出口互动的意义

东南亚国家联盟（Association of Southeast Asian Nations，ASEAN），简称东盟，成立于1967年8月8日，最初的成员包括泰国、新加坡、印度尼西亚和菲律宾。当前，东盟包括泰国、新加坡、印度尼西亚、菲律宾、马来西亚、文莱、越南、老挝、缅甸、柬埔寨十个成员，是政府间、区域性、一般性的国家组织。在经济全球化和区域一体化背景下，中国与东盟都在积极谋求对外合作互动空间，缘着区位、历史、经济、社会、文化等多种地缘联系，中国与东盟之间有着合作的先天优势，开始了密切的合作进程。1991年，中国—东盟开启对话进程；1997年，双方建立睦邻互信伙伴关系；2003年，中国—东盟关系提升为战略伙伴关系。多年来，在多方努力下，中国与东盟合作关系显著提升，尤其是2002年中国—东盟自贸区建设启动以及2010年自贸区全面建成，更是进一步推动双方的互动合作。由于自贸区各国贸易自由化的进程不一样，从2010年开始，中国与东盟成员中的新加坡、泰国、马来西亚、印度尼西亚、文莱、菲律宾率先建成自贸区，而中国与东盟新成员中的越南、老挝、缅甸和柬埔寨则在2015

年实现贸易自由化。中国—东盟自由贸易区建成后，中国与东盟合作互动频繁，成果丰硕。中国是东盟最活跃和最主要的贸易伙伴，有关数据表明，2004—2013 年，中国与东盟的贸易额达到 4436 亿美元，比自贸区建成前翻了两番。我国与东盟贸易有条不紊，稳步推进，顺利走过“黄金十年”，中国政府又提出打造中国—东盟自贸区升级版，深化与东盟合作，“钻石十年”已经开启，将为中国与东盟合作带来更多机遇和平台。在中国—东盟自由贸易区合作框架之下，还包括中国—东盟内部次区域合作，如大湄公河次区域合作、泛北部湾经济圈等，以及中国与东盟各国的双边合作，这些合作举措都显著密切了中国与东盟的联系程度，加速了中国与东盟区域一体化建设的进程。

在区域经济一体化组织的构建过程中，行业经济一体化的构筑要先行，特别是具有高度的外向性、关联性和国际性特征的旅游业的一体化（何莉环和杨清震，2008）。已经实现一体化的功能性领域或部门所取得的成绩会对其他领域产生示范的效应，使它们也想通过这样的道路来实现利益上更大程度的满足（陈玉刚，2001）。旅游业作为一项关联性极强的综合性产业，涉及农业、工业、服务业等众多行业，如果国家间的旅游服务进出口互动取得突破和成功，必将会通过示范效应扩散到国民经济的相关产业，以点带面，进而实现目标区域的最终一体化化。正因如此，旅游服务贸易毫无疑问应担当起我国与东盟合作互动的先导产业的重任。旅游服务贸易是我国与东盟合作的重点领域，双方在旅游领域有着广阔的市场空间，旅游服务进出口互动活跃而频繁，对推动我国与东盟全方面、多层次合作具有重要的意义。

第二节　中国—东盟旅游服务进出口互动条件分析

中国—东盟之间的旅游服务进出口互动能否顺利开展，受多种互动因素的影响和制约。本章通过文献资料收集法，从政策条件、出入境条件、地理区位、旅游资源、交通条件、客源市场等方面对中国—东盟旅游服务进出口互动条件进行定性分析，以期能对当前中国—东盟旅游服务进出口互动有个总括性的认识。

一　政策条件

政策是各国旅游业发展以及旅游服务进出口互动的保障，没有相关政策支持，旅游业难以发展，更何谈旅游服务进出口互动的产生。国家间旅游服务进出口互动的开展首先要求一国发展旅游业，只有旅游业发展了，方可进一步谋求旅游业国际化。旅游服务进出口互动的政策包括一国对旅游业发展的支持政策以及促进旅游服务进出口互动的相关政策。

中国和东盟各国均充分意识到旅游业发展对国民经济的重要意义，都积极扶持旅游业发展，实施有利于旅游业发展的政策，见表 8 -1。

表 8 -1　　　中国与东盟国家支持旅游业发展政策

国家	支持旅游业发展政策
中国	改革开放以来，积极发展旅游业，旅游贸易是服务贸易的重要组成部分。2009 年，国务院颁发《关于加快发展旅游业的意见》，明确提出要把旅游业培育成为国民经济的战略性支柱产业和人民群众更加满意的现代服务业。2014 年，《国务院关于促进旅游业改革发展的若干意见》提出推动区域旅游一体化，围绕“一带一路”倡议，在东盟—湄公河流域开发合作、大湄公河次区域经济合作等合作机制框架下，推动中国同东南亚等区域实现旅游合作，并大力拓展入境旅游市场
泰国	重视旅游业发展，旅游业保持稳定发展势头，是外汇收入重要来源之一
新加坡	旅游业是新加坡支柱产业之一，是主要外汇来源
马来西亚	旅游业是国家第三大经济支柱，第二大外汇收入来源
菲律宾	第三产业在国民经济中的地位突出，重视旅游业发展，旅游业是菲律宾外汇收入重要来源之一
越南	重视旅游业发展，近年来旅游业增长迅速，经济效益显著

续表

国家	支持旅游业发展政策
柬埔寨	旅游业是柬埔寨优先发展的经济领域，自2000年起，柬埔寨国家政府大力推行“开放天空”政策，支持和鼓励外国航空公司开辟直飞金边和吴哥游览区的航线。2002年，柬埔寨政府加大对旅游业的资金投入，加紧修复古迹，开发新景点，改善旅游环境。2012年，柬埔寨共接待外国游客358万人次，柬埔寨中央银行公布的《2013年柬埔寨经济报告》表明旅游业的增长为柬埔寨整体经济增长作出了突出贡献
缅甸	政府大力发展旅游业，积极吸引外资建设旅游设施
文莱	大力发展旅游业，文莱旅游业的发展主打自然环境、民俗文化和宗教传承三张牌
印度尼西亚	印度尼西亚政府长期重视开发旅游景点，兴建饭店，培训人员和简化入境手续，旅游业是印尼非油气行业中仅次于电子产品出口的第二大创汇行业
老挝	1986年实施“革新开放”政策，大力发展旅游业，旅游业成为经济发展的新兴产业。近年来，老挝积极与国外合作开发旅游业，已与500多家国外旅游公司签署合作协议，开放15个国际旅游口岸，同时采取多项措施减少签证费、放宽边境旅游手续以及增加旅游基础设施投入等，旅游业获得持续发展。2012—2013年，老挝共接待国内外游客378万人次。2013年5月，老挝被欧盟理事会评为“全球最佳旅游目的地”

中国与东盟国家在大力发展旅游业的同时，积极对外谋求旅游合作，发展旅游服务贸易，制定了一系列有利于旅游服务进出口互动的政策。

2002年11月4日，时任中国国务院总理朱镕基与东盟10国领导人签署《中国与东盟全面经济合作框架协议》（简称《框架协议》），决定于2010年建成中国—东盟自由贸易区，中国与东盟正式启动建立自由贸易区的进程。尽管《框架协议》签订的“10+1”贸易的核心内容是货物贸易，但在《协议框架》提及要逐步实现涵盖众多部门的服务贸易自由化，其中第四条服务贸易条款中明确规定：“在中国与东盟各成员国根据服务贸易总协定（GATS）所做承诺的基础上，继续扩大服务贸易自由化的深度和广度”以及“增进各缔约方在服务领域的合作以提高效率和竞争力，实现各缔约方各服务供应商的服务供给与分配的多样化”（秦慧和阮思阳，2007）。这表明服务贸易也是《框架协议》的重要内容。旅游业作为服务贸易的重要组成部分，《框架协议》的政策保障为中国—东盟旅游服务贸易互动提供巨大的自由化和便利化空间。

2005 年 8 月 3 日，第二次东盟—中日韩文化部长会议共同签署《中华人民共和国政府与东南亚国家联盟成员国政府文化合作谅解备忘录》，此后各国签订的谅解备忘录越来越完善，越来越多的中国城市和东盟国家城市结成友好城市关系，有效减少了中国与东盟国家的矛盾冲突，增进了中国与东盟国家的互信，有利于推动旅游互动良性发展。

2007 年 1 月，中国与东盟国家签署了中国—东盟自由贸易区服务贸易协议，并于 7 月 1 日起正式生效。根据协议，自由贸易区的服务和服务提供商将享有更广泛的市场准入和国民待遇，其中包括已经加入世界贸易组织（WTO）的东盟成员所承诺开放的 60 个领域。该协议对旅游、交通、商业服务、教育、建筑工程、电信、娱乐、体育、文化、医疗、环境和能源等领域的投资作出了规定。由此可见，该协议承诺开放包括旅游及相关产业在内的服务行业，进一步加速了中国—东盟旅游服务贸易自由化和便利化。

2009 年，中国与东盟十国在第十二次中国—东盟领导人会议期间签署了《中华人民共和国政府和东南亚国家联盟成员国政府关于建立中国—东盟中心的谅解备忘录》，据此建立信息和活动中心，即中国—东盟中心。中国—东盟中心是中国与东盟十国政府共同成立的唯一政府间组织，旨在促进中国与东盟在投资、贸易、旅游、文化和教育领域的合作。该中心的成立为中国与东盟之间的旅游服务贸易互动提供了组织保障。

2013 年以来，中国领导人提出了建设中国—东盟命运共同体、建设 21 世纪海上丝绸之路、打造中国东盟自贸区升级版、“2 + 7

合作框架”等一系列重大倡议，这些倡议均得到东盟国家的积极响应。这一系列政策倡议将把中国与东盟旅游服务贸易互动提升到新的高度。

中国与东盟之间一系列政策协议为中国—东盟旅游服务贸易互动起到了保驾护航的作用。与此同时，在中国—东盟自由贸易区框架下，中国与东盟各国通过签署一系列双边旅游合作互动协议以推动双边旅游合作互动。2000 年，中国国家旅游局与印度尼西亚共和国旅游艺术部签署旅游合作谅解备忘录，表明双方将在加强两国政府旅游机构和旅游企业之间开展业务、从事促销活动提供便利、相互吸引客源等方面展开合作。2000 年 11 月 7 日，中国与文莱签署投资、贸易和旅游合作文件，签署了关于中国公民自费赴文莱旅游的谅解备忘录。2000 年 11 月 12 日，中国和老挝在关于双边合作的联合声明中提出加强两国旅游合作，中国同意把老挝列为中国公民出境旅游目的地，双方主管部门将商定有关具体措施。2000 年 11 月 13 日，中国和柬埔寨在关于双边合作框架的联合声明中提出进一步扩大旅游领域的交流合作，促进两国人民的友好往来和相互了解，中国同意开放柬埔寨为中国公民出境旅游目的地，双方将商定有关具体实施办法推动两国旅游业健康发展。2000 年 12 月 25 日，中国和越南签署了《关于新世纪全面合作的联合声明》，提出扩大旅游合作，鼓励两国旅游部门在管理、宣传、营销、人员培训等方面交流经验，并为两国公民和第三国公民赴两国旅游提供便利等。2003 年 9 月 15 日，中国与马来西亚签署《旅游合作谅解备忘录》，双方将根据各自国家的相关法律法规，在研究开发、教育培训、促销资料、其他相关组织的合作和旅游投资等方面开展合作（孙巍，2008）。2010 年，中国与越南签署了《中国国家旅游局与越南文化、体育与旅游部 2010—2013 年旅游合作协议》，提出了在加强鼓励到对方投资旅游、继续扩大双边人员往来、扩大双方旅游宣传推广等方面的合作建议①。随后在2011年4月，中越双方进一步着手推进“跨境旅游合作区”建设；2015年，中越两国政府签署《关于合作保护和开发德天—板约旅游资源的协定》，中越德天—板约瀑布跨境旅游合作区成为中国首个跨境旅游合作区；2018年，国务院同意设立广西防城港边境旅游试验区。以上政策措施标志着中越边境、跨境旅游合作迈上了新台阶。

二　出入境条件

在便利化方面，当前新加坡、马来西亚、泰国、越南、柬埔寨、老挝等国家对中国公民的旅游签证手续比较简便，而其他国家的手续还比较复杂，在90天内，东盟成员（文莱、菲律宾、印度尼西亚、马来西亚、泰国、新加坡）不用事先签证，大多是落地签证（曹丽和刘治福，2012）。例如，2006年，马来西亚为中国游客推出多次出入境签证服务政策，签证最长有效期为一年，游客每次在马来西亚能停留一个月，该政策旨在方便中国游客在马来西亚观光时可以前往新加坡、泰国等邻国并返回马来西亚。从2011年8月16日起，中国游客个人赴马来西亚旅游，只需要持有东南亚某一国的有效签证，就可以自由在马来西亚过境，进行“中转旅行”。2018年，马来西亚对中国游客推出电子签证与免签政策。泰国方面，中国游客赴泰国旅游可采取落地签的方式，也可以提前办理签证，从2015年11月起，泰国向中国游客开放半年多次旅游签证。在与越南旅游对接方面，各种便利化措施也在着手实施，2013年7月，广西防城港市获批并恢复边境旅游异地办证，

① 国家旅游局旅游促进与国际合作司：《中越签署2010—2013年旅游合作协议》，http：//www. cntour2. com/viewnews/2010/8/10/0810091512_1. htm，2010年。

参加边境旅游的游客可轻松便捷地在防城港市、东兴市的公安机关出入境管理部门办理中华人民共和国出入境通行证赴越南旅游。与此同时，与越南接壤的广西崇左、百色、北海三市也已获准开展边境旅游异地办证业务，参加赴越旅游的团队可从友谊关、水口、龙邦、北海口岸出境赴越旅游。越南向中国持通行证旅游的公民全面开放其国内旅游市场以吸引更多的中国游客。柬埔寨方面，为了促进旅游业发展，柬埔寨政府和柬埔寨外交部联合推出柬埔寨旅游签证（电子签证），赴柬旅游者不必访问柬埔寨大使馆申请柬埔寨旅游签证，通过网上平台申请即可。柬埔寨与泰国签订有单一签证协议，两国启用统一签证，包括中国在内的35个国家和地区的公民只要向泰国和柬埔寨任意一国申请获得签证，即可在两国各逗留60天。

三 地理区位条件

东盟国家面积较小，与隔海相望的国家距离遥远，其空间条件限制了它们与其他国家开展区域旅游合作的可行性（何莉环和杨清震，2008）。而中国与东盟毗邻，是东盟最大的邻国，具有与东盟旅游合作的天然区位优势，其中广西与越南山水相依，水陆相通，直接接壤，设有多个边境口岸；云南分别与越南、缅甸、老挝接壤，同时临近泰国和柬埔寨。根据旅游距离衰减规律，旅游者的出游率随着出行距离的增大而减弱。因此，中国与东盟各国毗邻的地理区位条件为双方开展旅游互动提供了天然的地利优势，广西、云南与越南、老挝等国家边境旅游的开展以及最早的新马泰旅游都证明了区位优势对旅游业发展的重要性。

四　旅游资源条件

不同的地理区位条件和历史文化铸就了中国和东盟国家丰富多样、特色各异的自然、人文旅游资源，为旅游服务进出口互动奠定了坚实的资源基础（见表8－2）。

表8－2　　中国与东盟国家旅游资源

国家	旅游资源
中国	幅员辽阔，旅游资源种类多，特色鲜明，吸引力强，代表性景点有北京长城、西安兵马俑、桂林山水、九寨沟等。截至2019年7月，有55个项目列入《世界遗产名录》，其中世界文化遗产37处，世界自然遗产14处，世界文化和自然双重遗产4处。各省区拥有多处5A级景区
泰国	主要旅游地（点）有曼谷、普吉、芭提雅、清迈、清莱、苏梅岛、华欣等，滨海旅游资源丰富。佛教文化引人入胜，首都曼谷保留有大王宫、玉佛寺、金佛寺和四面佛等名胜古迹
新加坡	风光绮丽，终年常绿，岛上花园遍布，绿树成荫，素以整洁和美丽著称。全国耕地无几，人口多居住在城市，因此被称为“城市国家”。主要景点有圣淘沙岛、鱼尾狮公园、海底世界、飞行者摩天轮、环球影城、植物园、动物园、夜间野生动物园、裕廊飞禽公园、种族文化区（如牛车水、甘榜格南、小印度、如切、加东等）、新加坡国家博物馆等。购物业发达，全年有各种各样的购物特卖会，最负盛名的是新加坡热卖会，有豪华购物中心滨海湾金沙购物中心等
马来西亚	旅游资源特点表现为：滨海旅游资源丰富，拥有原始热带丛林，悠久历史文化遗迹和现代化都市并存。主要旅游地（点）包括吉隆坡、槟城、云顶、马六甲、刁曼岛、热浪岛、邦咯岛、浮罗交怡岛等
菲律宾	植物资源十分丰富，热带植物多达万种，素有“花园岛国”的美称。其森林面积为1585万公顷，覆盖率达53%。主要旅游地（点）包括蓝色港湾、百胜滩、马荣火山、碧瑶市、伊富高省原始梯田等。其中，普林塞萨地下河国家公园为世界自然遗产，图巴塔哈群礁海洋公园、巴洛克教堂、科迪勒拉水稻梯田和维甘历史古城为世界文化遗产
越南	旅游资源丰富，主要旅游地包括岘港、胡志明市、下龙湾、河内、芽庄、美奈、会安等。主要旅游景点包括河内市的还剑湖、胡志明陵墓、文庙、巴亭广场、胡志明市统一宫、芽龙港口、莲潭公园、古芝地道、下龙湾等。下龙湾、古都顺化、会安古城和美山遗址等多处风景名胜被联合国教科文组织列为世界自然和文化遗产

续表

国家	旅游资源
柬埔寨	主要旅游地有金边、西哈努克城、暹粒等。旅游点主要有世界闻名的吴哥古迹、国家博物馆、胜利海滩等，其中吴哥古迹和印度尼西亚婆罗浮屠寺、中国万里长城以及埃及金字塔被誉为古代东方四大奇迹。暹粒市在2014年世界最佳旅游城市中排名第四，成为亚洲最佳旅游城市中的第二名；是全球十一处绝美落日观赏地、全球十大便宜游玩好去处、世界五大爱情见证圣地
缅甸	风景优美，名胜古迹众多，是著名的佛教国家。佛塔多、庙宇多、和尚多是缅甸佛教文化的三大特色。据统计，缅甸全国有10万多座大小佛塔，缅甸因此被誉为“佛塔之国”。其中，仰光大金塔是缅甸佛塔的代表作，是世界佛教建筑艺术的杰作，也是世界上历史最悠久、价值最昂贵的佛塔；缅甸中部的蒲甘小城是缅甸佛塔最集中的地方，被称为“万塔之城”。除此以外，主要景点还有文化古都曼德勒、额不里海滩等。缅甸森林资源丰富，覆盖率达52%，素有“森林王国”之称
文莱	不同文化交融，拥有丰富浓郁的伊斯兰文化、迷人的热带雨林，号称“东方威尼斯”。主要旅游景点包括独具民族特色的水村、赛福鼎清真寺、王室陈列馆、淡布隆国家公园、杰鲁东公园等
印度尼西亚	号称“千岛之国”，是举世闻名的天然度假胜地，主要旅游点包括：巴厘岛、雅加达“美丽的印度尼西亚”缩影公园、日惹婆罗浮屠佛塔、普拉班南神庙、苏丹王宫、北苏门答腊多巴湖、拉古南动物园、中央博物馆、民族独立纪念碑等。其中，苏门答腊热带雨林、乌戎库隆国家公园、科莫多国家公园、洛伦茨国家公园为世界自然遗产，桑吉兰早期人类化石遗址、婆罗浮屠寺庙群、巴兰班南为世界文化遗产
老挝	著名景点包括万象塔銮、玉佛寺、琅勃拉邦光西瀑布、占巴塞孔帕萍瀑布等。国内大象众多，拥有“万象之都”的美称。琅勃拉邦县和巴色县瓦普寺已被列入世界文化遗产名录

总体而言，中国与东盟的旅游资源具有如下特征：（1）旅游资源知名度高。基本上各国都拥有享誉世界的旅游资源，如中国的万里长城、被誉为“世界第八大奇迹”的秦始皇兵马俑、神奇九寨沟、甲天下的桂林山水，被誉为“海上桂林”的越南下龙湾，泰国的“东方夏威夷”芭提雅和“安达曼海上的一颗明珠”普吉岛，印度尼西亚的“天堂之岛”巴厘岛，被誉为“世界七大奇观之一”的柬埔寨吴哥窟等。高知名度的旅游资源有效地提升了中国与东盟

的旅游吸引力。（2）旅游资源特色鲜明，互补性强。资源互补被认为是实现区域旅游合作的前提条件。中国与东盟旅游资源不仅丰富多样，而且特色鲜明，具有很强的互补性。例如，新加坡现代化特征明显，是著名的“花园城市”和“购物天堂”；印度尼西亚享有“千岛之国”的美称，热带海洋风情让人着迷；菲律宾植物资源丰富，享有“花园岛国”美誉；越南西贡风情具有法国韵味；泰国和缅甸的佛教文化引人入胜，缅甸还被誉为“佛塔之国”；文莱浓郁的伊斯兰文化与迷人的热带雨林相交融；老挝国内大象众多，有“万象之都”的美称。不同国家不同区域的旅游资源具有明显的独特性，互补性强，为联合开发特色旅游产品和相互输送客源奠定了坚实的基础。依托特色旅游资源，中国与东盟已经初步形成一些跨国互补旅游产品和旅游线路，在国际上颇具魅力和知名度，如大湄公河次区域旅游环线、环北部湾海上国际旅游线、滨海休闲度假游、世界遗产地观光游、东南半岛民族风情体验游、中越边关探秘游等。依托地理毗邻性优势，中国与越南的旅游资源合作互动开发更加成熟和彰显活力。中国广西防城港市形成东兴至越南芒街、防城港至越南下龙湾两条独具特色的边境旅游精品线路，其中，防城港至越南下龙湾海上航线是一条跨国黄金旅游线路，集边境旅游和海上跨国交通于一体，是沿着当年抗美援朝时期著名的“海上胡志明小道”的一条线路，是增进中越两国人民友谊的线路。该线路贯穿中国江山半岛省级旅游度假区、京岛省级风景名胜区、世界自然遗产越南下龙湾风景区，是一条世界级旅游线路，也是中国至越南下龙湾最快捷的海上跨国高速客轮旅游航线，整个航程只需 4 小时[①]。（3）旅游资源类型多样，能满足当代旅游者多元化旅游需

① 《防城港中越边境旅游线路已成为游客热捧的精品线路》，http：//district. ce. cn/newarea/roll/201309/06/t20130906_24720812. shtml，2013 年。

求。当今时代，旅游业发展对旅游产品的需求呈现出新趋势和新特点，主要体现在：一方面，休闲度假，尤其是海岛、滨海休闲度假将成为旅游产品的热点和主体；另一方面，旅游者对旅游产品的需求更加多元化和个性化，除了传统的观光旅游、休闲度假和商务旅游外，诸如蜜月旅游、宗教旅游、修学旅游、民族风情旅游、养生旅游、考古旅游、探险旅游、奖励旅游、购物旅游等专题旅游将越来越具有吸引力和发展潜力。中国与东盟国家旅游资源丰富多样，自然旅游资源方面不仅拥有山地、火山、溶洞、瀑布以及各种动植物资源，最主要的是拥有高质量的海岛、滨海度假胜地，中国和东盟国家，除了老挝，均拥有漫长海岸线，海岛星罗棋布，诸如中国、马来西亚、泰国和印度尼西亚等国家都以高质量的海岛、滨海度假胜地闻名于世；在人文方面，各国也都拥有规模庞大的历史文物古迹，各国民族风情浓郁，文化特色鲜明。可以说，中国与东盟涵盖了现代国际旅游所追求的“绿色、阳光、海水、沙滩、气候”五大自然要素，还囊括了最热门的“港口、岛屿、河流、山峰、岩洞、森林、田园、风情、动物”景观要素（黄爱莲，2010），旅游资源具备满足当代旅游者多元化需求的特质。

五　交通条件

中国与东盟在交通互联互通方面做了大量卓有成效的工作。

共建泛亚铁路是打通中国与东盟国际大通道的重要举措。在东盟湄公河流域开发合作第八次部长会议上，东盟各国达成了开始全面铺建泛亚铁路的共识。泛亚铁路贯通中国和东南亚七个国家，全长 5500 千米。根据计划，东盟将建设经老挝连接越南河内和泰国曼谷的铁路，最终打通从中国北部湾到新加坡的国际大通道。建成后，泛亚铁路将成为中国与东盟国家相互投资贸易的重要通道、中国和东盟人员往来尤其是旅游者往来的主通道[①]。

2007 年，中国交通部向中国与东盟十国的交通专家和官员提交《中国与东盟交通合作规划设想》，中国将加强与东盟在交通基础设施领域的合作，打造“四纵两横”运输大通道。在此基础上，2010 年，在第五届泛北部湾经济合作论坛上，中国提出中国与东盟将形成“四纵三横”运输大通道。其中，“一纵”为中缅通道，该通道由公路、内河航道、铁路和石油管道共同组成，由中国云南省进入缅甸境内，并通向印度洋的战略性综合运输大通道；“二纵”为昆明—曼谷—新加坡通道，该通道是由新加坡至昆明的泛亚铁路、昆明—曼谷公路、澜沧江—湄公河航道等国际运输路线组成的综合运输通道；“三纵”为中国—越南—老挝—柬埔寨通道；“四纵”为海上运输通道，联通中国与东盟八个国家，开辟中国沿海港口通往北部湾、泰国湾、孟加拉湾等沿海国家的海上航线，是中国与东盟外贸物资运输的主要通道；“一横”指马六甲海峡及新加坡通道；“二横”指越南—柬埔寨—泰国—缅甸通道；“三横”为越南—中国—缅甸—孟加拉—印度通道。2016 年，第 15 次中国—东盟交通部长会议审议通过了《中国—东盟交通合作战略规划》（修订版）、《中国—东盟交通运输科技合作战略》，有助于推进中国—东盟交通各领域互联互通，并为双方交通技术标准和规范的对接以及科技创新能力的提高建立了有效合作平台[②]。

在航空运输领域的合作方面，2005 年，中国在中国与东盟交通部长会议上提交了中国与东盟区域航空运输安排概念性文件，2010 年，中国与东盟正式签署了《中华人民共和国和东南亚国家联盟各

---

① 《广西：将投巨资建设中国与东盟的立体通道》，http：//c. chinahighway. com/news/2008/278614. php，2008 年。

② 《中国—东盟共创“一带一路”交通发展新纪元》，http：//www. gov. cn/xinwen/2016 - 11/18/content_5134056. htm，2016 年。

成员国政府航空运输协定》及其第一议定书。2010 年，中国有 10 家公司经营至东盟的直达航线，东盟有 18 个航空公司经营至中国的航线，双方航班总量已达到 862 班/周[①]。截至 2011 年，中国已与东盟十国签有双边航空运输协定，初步建立覆盖中国与东盟各国主要城市的航线网络。例如，2011 年，中国—东盟旅游互动的桥头堡广西基本上实现了广西至东盟国家主要城市的定期航线，包括南宁—胡志明市、南宁—新加坡、南宁—吉隆坡、南宁—万象、南宁—仰光、南宁—曼谷、南宁—金边、桂林—新加坡、桂林—吉隆坡、桂林—曼谷[②]。

在陆路运输合作方面，陆路通道上的基础设施网络已初步形成。广西和云南建有铁路和公路与东盟的越南、缅甸和老挝相连，并可延伸至泰国、柬埔寨、马来西亚和新加坡（赖富强和刘庆，2004）。在公路方面，2005 年，南宁—友谊关高速公路实现与越南一号公路连接，中国有了第一条通往东盟各国的便捷的陆路大通道；2012 年，广西南宁至越南河内国际道路运输线路在南宁首发直达快车，中越交通运输进入“点到点”“门到门”时代；2014 年 9 月，越南首都河内至老街高速公路全线正式通车，是越南首条连接中越边境的高速公路，今后还将与中国的高速公路联网，将积极促进中越双边贸易便利化。铁路方面，泛亚铁路建设逐步推进。“中国南宁—新加坡经济走廊”从中国广西南宁南下，沿途连通越南、老挝、柬埔寨、泰国、马来西亚、新加坡等国家，是连接中国到中南半岛最便捷的陆路交通大通道，也是中国与东盟经济融合的经济大通道，其重要纽带即为泛亚铁路和公路大动脉。2014 年 12 月，中国与越南边境

① 王军伟：《中国—东盟携手打造跨境立体交通网》，https：//finance. qq. com/a/20111023/000594. htm，2011 年。

② 《中国—东盟航空通道建设提速，定期航线已达 10 条》，http：//big5. www. gov. cn/gate/big5/www. gov. cn/jrzg/2011 -03/29/content_1833658. htm，2011 年。

的靖西至那坡、百色至靖西两条高速公路同时通车，为“中国南宁—新加坡经济走廊”增加了新的通道，中国与东盟之间陆路连通日渐完善；2015 年，广西开工崇左至水口等高速公路，建成后使防城港—东兴—芒街—海防—河内公路与南宁—友谊关—河内公路两条高速公路相连接，形成便捷畅通的国际大通道[①]，我国与东盟国家互联互通水平进一步提升。截至 2014 年，南宁至新加坡的公路道路已基本贯通；铁路方面，除越柬、柬泰边境的部分路段外，其余已全部开通运输[②]。

在海上旅游航线方面，中越积极合作开发跨国海上旅游航线“北海—越南下龙湾”航线，航线自中国北海始发，终点为越南下龙，连接了中国北海银滩、东兴金滩和越南下龙湾、河内还剑湖等著名景点，全程 146 海里，航行约 10 小时，游客只需提前提供身份证即可快速办理通行证，凭护照入境的游客可在越南办理落地签证[③]。

六　客源市场条件

自 1988 年起，中国率先向泰国、新加坡和马来西亚开放成为自费出境旅游目的地国家开始，“新马泰”和中国即相互成为重要出境旅游目的地。截至 2005 年，东盟十国已经全部和中国开放成为出境旅游目的国家（见表 8－3），中国—东盟旅游互动开启新的篇章，相互成为重要的旅游客源国和旅游目的地国家。

---

① 《中国积极构建通向东盟的陆路通道》，http：//www. caexpo. org/html/2014/bolan-huidongtai_1217/206847. html，2014 年。

② 杨陈：《南宁—新加坡经济走廊将成“海丝”陆路大动脉》，http：//sg. xinhua-net. com/2014－10/01/c_127057471. htm，2014 年。

③ 《中国—东盟唯一跨国海上旅游航线调整为 2 天一班》，http：//www. nanning. chi-na. com. cn/2013－08/21/content_6232785. htm，2013 年。

表 8-3　中国面向东南亚开放的出境旅游目的地国家情况

	国家	启动时间	开展业务情况
1	泰国	1988 年	全面开展
2	新加坡	1990 年	全面开展
3	马来西亚	1990 年	全面开展
4	菲律宾	1992 年	全面开展
5	越南	2000 年	全面开展
6	柬埔寨	2000 年	全面开展
7	缅甸	2000 年	全面开展
8	文莱	2000 年	全面开展
9	印度尼西亚	2002 年	全面开展
10	老挝	2005 年	全面开展

资料来源：黄爱莲：《北部湾区域旅游合作创新研究》，博士学位论文，中央民族大学，2010 年。

凭借地理区位、经济、文化等多种利好因素，在中国—东盟自由贸易区建设的驱动下，中国与东盟之间形成了旅游服务进出口互动系统，在该系统中实现了相互之间的客源输送，相互成为主要旅游客源国。由前文的分析可知，自 2005 年起，马来西亚、新加坡、越南、菲律宾、泰国、印度尼西亚等东盟国家占据中国入境旅游客源国 16 强名单的多数席位；在中国的出境旅游市场中，自 2005 年起，东盟十国成为中国主要出境旅游目的地国家。根据中国国家旅游局的统计，2013 年中国公民出入境旅游人数达 9819 万人次，去掉赴港澳台地区的游客，出国旅游人数超过 3000 万人次，其中中国公民赴东盟的旅游人数首次超过 1000 万人次，可以说赴东盟旅游雄占中国 1/3 的出境市场，东盟是中国重要的出境旅游目的地，是中国公民出境旅游的首选旅游目的地。如表 8-4 所示，在东盟入境旅游市场中，除了东盟内国家之间相互输送客源人数最多，中国是东盟国家第一大国际客源国，占比由 2013 年的 12.4% 迅速增长至 2017 年的 20.1%。

表 8－4　　按来源分的东盟入境旅游人数　　单位：万人次

国家（地区）	2013 年	2014 年	2015 年	2016 年	2017 年
东盟内部	4615.4	4922.3	4599.2	4657.0	4849.3
中国	1265.1	1305.9	1859.6	2033.9	2528.4
日本	472.4	463.4	470.3	478.2	502.8
韩国	487.3	501.8	583.9	646.5	786.2
澳大利亚	430.3	438.4	419.1	431.4	434.3
新西兰	43.9	45.8	47.5	48.1	52.9
欧盟	869.5	927.5	957.0	1013.8	1086.2
美国	317.8	325.4	338.2	378.8	410.9
加拿大	76.9	80.0	83.4	87.6	96.5
印度	294.6	307.1	330.8	278.7	415.3
其他	1346.6	1190.6	1201.4	1502.7	1409.2

资料来源：东盟旅游数据库（2018 年）。

七　互动的其他条件

中国和东盟都把对方看作重要的旅游市场和互动合作伙伴，重视旅游营销推广工作对旅游互动的积极作用。其中，中国—东盟博览会即是中国与东盟旅游营销推广的重要平台。2003 年 10 月 8 日，在印度尼西亚巴厘岛举办的第七次中国与东盟（10＋1）领导人会议决定每年 11 月在中国广西南宁举办中国—东盟博览会。从 2004 年起，中国—东盟博览会如期在广西南宁举办。博览会涵盖旅游专题内容，从第三届开始把旅游专题内容并入“魅力之城”专题。博览会设置“魅力之城”展区，在博览会中，中国与东盟各国选择一个具有代表性的城市作为“魅力之城”，通过建筑、服装、音乐、舞蹈等多种形式展示城市形象，与此同时，各国有代表性的旅游景点和旅游服务机构借此机会参展，综合展示各国在旅游、文化、教育、科技和社会发展等方面的特色成果以及寻求合作商机。中国—东盟博览会搭建了中国与东盟旅游投资交流合作平台，构建了旅游宣传促销的渠道，成为中国与东盟各国旅游交流互动的载体和助推器。

在中国—东盟旅游互动的热趋势下，中国与东盟从政府层面以及民间层面都在积极搭建各种交流互动平台，如东盟与中日韩“10+3”旅游部长会议、中国（广西）—东盟国际旅游合作论坛、中国—东盟旅游合作论坛等，从政治、经济、文化、生态、安全等多方面领域探讨双方如何更好开展旅游合作互动问题。2003年1月，中国—东盟企业家交流研讨会与会者达成旅游合作共识。2004年10月，中国（广西）—东盟国际旅游合作论坛对中国与东盟旅游合作进行了全方位、多层次的研讨，论坛内容包括：中国与东盟旅游合作、广西与东盟旅游合作、中国与东盟边境地区旅游合作、中国与东盟旅游交通合作、中国与东盟旅游信息合作、中国与东盟旅游机构合作、中国与东盟旅游企业合作、中国与东盟旅游便利化合作、中国与东盟旅游危机处理合作、中国（广西）与东盟旅游宣传促销合作、中国（广西）与东盟旅游人才资源开发合作①。2005年5月，中国—东盟旅游研讨会强调中国与东盟在旅游领域的信息交流与业务合作。2009年11月，在中国昆明举行的中国—东盟旅游论坛旨在加强政府间合作、培育共同的市场、学术促进产业发展，在政府、企业和学术界之间构建对话平台与合作机制，从而加强中国—东盟旅游合作。2014年9月，第九届中国—东盟民间友好大会首设旅游论坛，共同探讨中国与东盟之间“如何加强城市间的旅游合作”以及“加强旅游企业间的开放与合作”。2016年，首次

① 杨民：《中国（广西）—东盟国际旅游合作论坛在南宁举行》，http://www.gxnews.com.cn/staticpages/20041030/newgx4182a372-271697.shtml，2004年。

中国—东盟旅游部门会议在广西桂林召开，会议旨在推动建立中国—东盟旅游部门交流合作机制，深化中国—东盟旅游领域务实合作。2017 年中国—东盟旅游合作年的举办在旅游事务、共享数据以及旅游统计等方面深化了双方的合作。可以说，多层次的交流进一步推动了中国与东盟之间的旅游互动纵深发展。

第三节　中国—东盟旅游服务贸易竞争力评价

第二节对中国与东盟国家之间旅游服务进出口互动的政策、出入境、地理区位、旅游资源、交通、客源市场等条件进行了定性分析。为了更全面了解中国与东盟旅游互动情况，还需对中国与东盟国家的旅游服务贸易竞争力进行评价，用定量分析的方法从国家旅游业建设和发展的角度挖掘影响国家间旅游互动的关键因素。

一　旅游服务贸易竞争力评价指标体系和研究方法

旅游服务贸易竞争力评价指标分为显示性指标和分析性指标。显示性指标用旅游业绩衡量，代表旅游业的产出能力；分析性指标用影响竞争力的因素代表，表示旅游资源投入力度。由此，旅游服务贸易竞争力体系亦相当旅游系统的投入产出模型（IO 模型）。

本章构建的指标体系（见表 8－5）主要参考世界经济论坛（WEF）《旅游竞争力报告》中的旅游竞争力指数（TTCI）体系，包括规章制度、商业环境和基础设施、人力资源和旅游资源三个一级指标及其细化二级指标。为满足分析需要，本指标体系加入经济条件和旅游业绩两个一级指标及其细化二级指标。其中，分析性指标包括经济条件、规章制度、商业环境和基础设施、人力资源和旅游资源四项指标，显示性指标包括旅游业绩一项指标，各项指标均为正向化指标。

表 8－5　　旅游服务贸易竞争力指标体系

指标类型	一级指标	二级指标	指标权重
分析性指标（A）	经济条件（A_1）	GDP（A_{11}）	0.568
		人均 GDP（A_{12}）	0.432
	规章制度（A_2）	开放规制（A_{21}）	0.184
		环境可持续发展（A_{22}）	0.105
		安全保障（A_{23}）	0.171
		健康卫生（A_{24}）	0.184
		旅游产业地位（A_{25}）	0.356
	商业环境和基础设施（A_3）	航空设施（A_{31}）	0.118
		路面交通设施（A_{32}）	0.261
		旅游基础设施（A_{33}）	0.242
		通信设施（A_{34}）	0.216
		旅游业价格竞争力（A_{35}）	0.164
	人力资源和旅游资源（A_4）	人力资源（A_{41}）	0.082
		旅游亲和力（A_{42}）	0.251
		旅游资源（A_{43}）	0.667
显示性指标（B）	旅游业绩（B_1）	旅游入境人数（B_{11}）	0.418
		旅游外汇收入（B_{12}）	0.326
		人均旅游外汇收入（B_{13}）	0.033
		旅游外汇收入占 GDP 比重（B_{14}）	0.224

经济条件方面，如果一国经济越发达，越有利于旅游产业获得较多的资本投入。规章制度方面，如一国的开放规制越宽松，越利于旅游产业的国际化发展；一国旅游产业在国民经济中地位越高，旅游产业越容易获得重视和发展；环境可持续发展、安全保障和健康卫生等政策作为越有力，越能为旅游业发展提供基础性保障。商业环境和基础设施方面，商业环境和基础设施指标中的航空设施、路面交通设施、旅游基础设施、通信设施属于旅游竞争力支持性因

素；而旅游业价格竞争力综合体现了旅游业资源要素配置能力。人力资源和旅游资源方面，旅游亲和力衡量旅游地居民对游客的友好程度；旅游资源包括自然资源和人文资源，是旅游服务贸易竞争力的基本内核。旅游业绩方面，旅游入境人数、旅游外汇收入为规模性指标，人均旅游外汇收入、旅游外汇收入占 GDP 比重为效率性指标。

综合中国和东盟各国的旅游服务进出口互动实际及数据的可得性，选取越南、新加坡、马来西亚、印度尼西亚、泰国和菲律宾东盟六国与中国进行旅游贸易互动研究，数据来源于 2007 年、2008 年、2009 年、2011 年、2013 年世界经济论坛（WEF）发布的《旅游竞争力报告》。

运用熵值法确定旅游服务贸易竞争力的指标权重进而综合评价竞争力。熵值法是一种客观赋权法，根据指标提供的信息量和指标联系度确定权重，权重确定具有客观性特征。关于指标体系和熵值法算法的具体内容详见报告第三章“我国旅游服务贸易竞争力及其影响因素评估”部分。

二　旅游服务贸易竞争力分析

以分析性指标作为竞争力系统的投入要素，显示性指标作为系统的产出要素，则一国的旅游服务贸易竞争力综合水平等于投入要素和产出要素竞争力的加总。基于 2007 年、2008 年、2009 年、2011 年、2013 年数据，运用熵值法分别得出各年的指标权重和竞争力水平。我国和东盟六国的旅游服务贸易竞争力基本处于稳步发展态势（见图 8－1）。

采用主观赋值法分别赋予 2007 年、2008 年、2009 年、2011 年、2013 年 0.1、0.1、0.2、0.25、0.35 的权重，据此得出指标的综合权重（见表8－5）以及各国旅游服务贸易竞争力的动态综合值（见表8－6）。

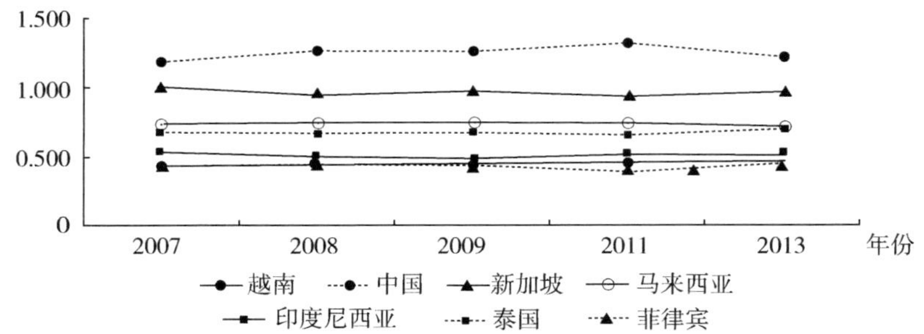

图8－1　各国历年旅游服务贸易竞争力

表8－6　各国旅游服务贸易竞争力的动态综合值

国家	投入值	产出值	综合值	排名
中国	0.900	0.344	1.243	1
新加坡	0.833	0.120	0.953	2
马来西亚	0.540	0.192	0.732	3
泰国	0.508	0.176	0.684	4
印度尼西亚	0.448	0.057	0.506	5
越南	0.384	0.069	0.453	6
菲律宾	0.387	0.042	0.429	7

依据各国投入和产出水平绘制各国旅游竞争力散点图（见图8－2），分别以投入值0.600和产出值0.120为分界点划分四个象限区域。对各项指标分值进行同一度处理，直接将各国在每项指标的得分值除以该项指标的最大值得到同一度值（见表8－7）。结合散点图和同一度表可看出：（1）中国和新加坡投入和产出双高，重视旅游竞争力培育，取得良好旅游业绩，且旅游竞争潜力大，竞争优势明显。中国依托丰富优质的旅游资源，历来重视旅游业发展，加之近年来国家经济发展迅速，加大对旅游业的投入，除了旅游基

础设施建设略显薄弱且旅游业价格优势不明显，旅游业总体发展势头好。新加坡是一个多元文化包容并蓄的国家，对外开放度高，经济发达，对旅游投入力度大，旅游整体环境优越，但旅游资源优势不明显和国家规模偏小的劣势限制了总体竞争力水平。（2）马来西亚和泰国具有低投入高产出特征。马来西亚和泰国凭借旅游资源、旅游基础设施以及价格优势取得良好业绩，现实旅游竞争力强，但仍需加强旅游系统建设提升竞争潜力。（3）越南、菲律宾和印度尼西亚属于投入和产出双低型国家，旅游系统建设投入不足，旅游吸引力亟待增强。其中，越南在航空设施、路面交通设施、旅游基础设施投入不足，旅游价格竞争力劣势明显；菲律宾在航空设施、路面交通设施、通信设施和旅游资源方面的投入处于劣势，需要进一步提升旅游产业地位，优化旅游社会人文环境，提升旅游亲和力水平；印度尼西亚同样在航空设施、路面交通设施、旅游基础设施和通信设施投入不足，需要重视旅游业发展，进一步提升旅游产业地位，同时优化旅游社会人文环境，提升旅游亲和力水平。

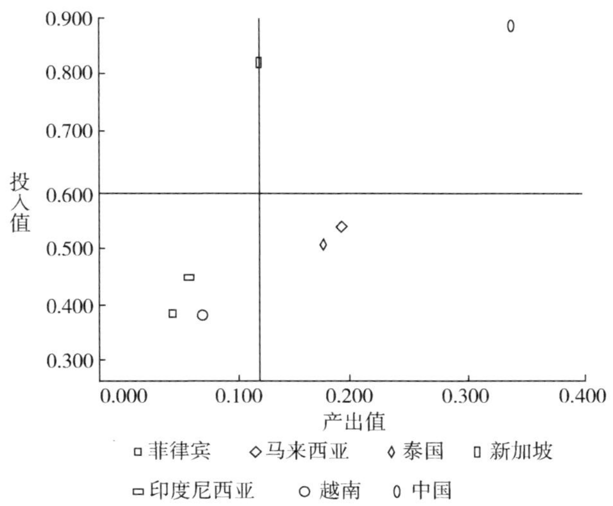

图 8－2　各国旅游竞争力散点示意

表 8-7　　　　各国指标同一度值

一级指标	二级指标	指标值						
		中国	新加坡	马来西亚	泰国	印度尼西亚	菲律宾	越南
A_1	A_{11}	1.000	0.042	0.046	0.060	0.121	0.036	0.020
	A_{12}	0.085	1.000	0.196	0.103	0.059	0.047	0.026
A_2	A_{21}	0.679	1.000	0.874	0.748	0.659	0.745	0.675
	A_{22}	0.764	1.000	0.931	0.830	0.710	0.807	0.761
	A_{23}	0.704	1.000	0.827	0.704	0.713	0.651	0.765
	A_{24}	0.728	1.000	0.866	0.862	0.830	0.756	0.784
	A_{25}	0.805	1.000	0.736	0.762	0.673	0.587	0.667
A_3	A_{31}	0.823	1.000	0.912	0.835	0.627	0.594	0.534
	A_{32}	0.606	1.000	0.639	0.511	0.385	0.388	0.483
	A_{33}	0.536	1.000	0.857	0.924	0.515	0.696	0.473
	A_{34}	0.643	1.000	0.647	0.736	0.426	0.446	0.636
	A_{35}	0.585	0.813	0.990	0.924	1.000	0.927	0.536
A_4	A_{41}	0.935	1.000	0.975	0.899	0.924	0.866	0.935
	A_{42}	0.820	1.000	0.925	0.915	0.776	0.807	0.871
	A_{43}	1.000	0.644	0.769	0.787	0.771	0.573	0.658
B_1	B_{11}	1.000	0.156	0.398	0.282	0.113	0.060	0.081
	B_{12}	1.000	0.258	0.358	0.430	0.152	0.080	0.098
	B_{13}	0.624	1.000	0.553	0.930	0.835	0.843	0.754
	B_{14}	0.146	0.777	1.000	0.904	0.174	0.298	0.676

在旅游服务贸易竞争力指标体系中（见表 8-5），旅游资源、GDP 水平和旅游产业地位的权重值高（分别为 0.667、0.568 和 0.356），表明旅游资源是培育各国旅游竞争力的基础内核，国家的经济实力决定各项旅游资源要素的投入力度，而旅游资源开发程度和资源要素投入力度则取决于国家对旅游业的支持，因而旅游业在各国的产业地位是提升旅游竞争力的政策保证。旅游作为一项存在空间位移的活动，要解决游客顺畅进出并停留旅游目的地问题，航空设施（0.118）、路面交通设施（0.261）和通信设施（0.216）

亦是需重点关注的因素，旅游基础设施（0.242）是为游客提供优质服务的重要保障。对旅游目的地安全问题的考虑以及目的地民众对外来旅游者的友好态度也是旅游者决策考虑的因素，因此，注重旅游目的地人文社会环境建设，提升亲和力（0.251）是影响旅游竞争力的主要因素。为保证旅游贸易顺畅互动，各国对外开放的规制（0.184）必不可少。同时，旅游业价格竞争力依然是游客出游决策的关键影响因素（0.164），拥有低价格优势则利于扩大游客规模。

第四节　中国—东盟旅游服务进出口互动系统耗散结构分析

旅游服务进出口互动系统由竞合系统、旅游贸易国家政府互动系统、旅游企业互动系统、国际旅游者互动系统、旅游引力系统五个子系统构成，是一个相互依托、相互影响和协同发展的具有稳定结构和功能的动态发展的巨系统。在这个巨系统中，各国政府、旅游企业着手采取各种行动对本国旅游业进行开发建设，相互输送客源，所以旅游服务进出口互动系统是一个开放系统，可以用耗散结构理论对互动系统的开放有序状态进行定量评价分析。采用耗散结构描述开放系统的存在状态和演化过程，在旅游合作（王俊峰和柴恒炜，2007）、跨县域旅游规划（张述林等，2008）、旅游流（魏颖等，2010）、旅游系统承受阈（赵磊和张皖婷，2010）等方面均有所运用，而对旅游服务进出口互动系统进行耗散结构分析鲜有涉及，因此以耗散结构理论分析中国与东盟国家的旅游互动具有一定理论和实践意义。综合中国和东盟各国的旅游服务进出口互动实际及数据的可得性，本节选取越南、新加坡、马来西亚、印度尼西亚、泰国和菲律宾东盟六国与中国进行旅游服务进出口互动研究，数据来源于2007年、2008年、2009年、2011年以及2013年世界经济论坛（WEF）发布的《旅游竞争力报告》。

一 旅游服务进出口互动系统的耗散结构特征

由比利时著名科学家普利高津（I. Prigojine）为首的布鲁塞尔学派于1969年提出了耗散结构理论（沈小峰等，1987）。该理论认为：一个远离平衡态的开放系统，不断与外界交换物质、能量和信息，当系统某个参量变化达到一定阈值时，通过涨落，系统可能发生突变，由原来的无序混乱状态转变为时间、空间或功能有序的新状态，这种非平衡条件下稳定有序的结构被称为耗散结构。系统无序程度可通过热力学函数——熵进行描述和度量。对于开放系统，其系统熵变（ds）由两部分构成：一部分是系统本身由于不可逆过程产生的熵增加（diS），这一项永远是正的；另一部分是系统与外界进行物质、能量、信息交流引起的熵流（deS），这一项可正、可负、可为零。故系统熵变 $ds = diS + deS$。如果能提供足够的负熵流，$deS < 0$，且 $|deS| > diS$，则 $ds < 0$，表明非平衡条件的开放系统与外界进行交换的负熵流足以抵消系统的熵增加且有盈余，系统向着有序状态发展，且负熵流盈余越大，系统有序化程度越高。

耗散结构具有开放性、远离平衡态、非线性和涨落四个鲜明特征（赵磊和张晥婷，2010），旅游服务进出口互动系统呈现耗散结构的特征。

（1）开放性。旅游服务进出口互动中，各国以国内旅游资源及相关资源为依托基础进行旅游开发建设，在此过程中，以政府互动、旅游企业互动以及国际旅游者互动三层面的互动为推动力，受到错综复杂的竞合因素约束，可见一国旅游系统的建设水平受多种因素影响，必须保持开放性，与外界进行物质、能量和信息交流，引入负熵流抵消熵增加，才能有效推进系统向有序状态演进。

（2）远离平衡态。系统平衡态的特征是各要素均匀单一，无序，熵值极大，混乱程度最大（崔和瑞等，2005）。而旅游服务进出口互动中，在多种错综复杂因素相互交织、综合影响下，各国有意识利用旅游资源和相关资源进行开发建设，因此，旅游系统在时间、空间和功能上向有序演进，具有远离平衡态特征。

（3）非线性。国际旅游服务进出口互动中的一国旅游系统，规模大，层次多，要素丰富，各层次各要素相互联系，构成复杂的网络关系。因此，系统内部各子系统以及各要素之间的关系绝非简单的因果线性关系，而是相互影响、相互制约、相互促进发展的非线性关系。

（4）涨落引致有序。旅游服务进出口互动系统中各国作为开放系统和外界进行交流，从外界源源不断引入负熵流而由此引发无数个“小涨落”。当涨落达到一定影响程度并突破一定阈值时，系统就会产生“巨涨落”，从而推动系统由当前的状态跃迁到更为有序的状态，形成新的耗散结构。

对于旅游服务进出口互动系统而言，通过互动国家熵增加和负熵流的比较可判断系统互动的有效性。当一国对外开放程度低，旅游发展的各种要素无法投入，或者一国实施对外开放政策，旅游发展投入了各种要素，旅游者不断涌入，但由于发展混乱，导致成本过高，都会导致不可逆的熵增加大于负熵流的流入，从而使旅游业的发展是无序、混乱的平衡态或近平衡态状态，一国旅游业系统的效率和效益低下，和他国的互动为非良性互动。当一国有着积极的对外开放政策，投入各种要素发展旅游业，并且旅游系统建设卓有成效，对旅游者吸引力强，大规模旅游者进入，产生良好效益，负熵流大于熵增加，那么该国的旅游业发展是有序的远离平衡态，和他国的旅游互动是良性的。

二 旅游服务进出口互动系统耗散结构指标体系的构建

根据熵流的流向，可把旅游服务进出口互动系统的熵流指标分为输入型指标（S_i）和输出型指标（S_o），其中输入型指标指旅游贸易国家利用国内外各种和旅游建设相关的要素进行旅游开发和建设从而增强旅游吸引力的指标，输出型指标则表明旅游贸易国家通过旅游系统的建设实际取得的旅游业绩状况。旅游系统建设需要的各种要素投入所产生的投资成本可被看作系统不可逆过程中产生的熵增加。从可获得数据考虑，通过国际旅游所得的旅游收入判断投资成本（即熵增加），因此，在本研究中，输出型指标实际包含两方面内容，既包含熵增加部分，也包括和外界互动输出的旅游业绩。根据系统总熵 $ds = diS + deS$ 公式，本研究中的总熵 = 熵增加 +（输出熵流 - 输入熵流） = （熵增加 + 输出熵流） - 输入熵流，因此，总熵 $ds = S_o - S_i$。作为开放系统，一国旅游系统为了抵消熵增加从而让系统有序发展的路径在于和外界互动引入足够“负熵”。因此，旅游系统中负熵值通过 S_o 和 S_i 比较判断，负熵值越大表明系统有序化程度越高，系统向良性结构方向演化。

考虑到指标数据的可得性和权威性，旅游服务进出口互动系统耗散结构分析的指标要素主要参考世界经济论坛（WEF）发布的《旅游竞争力报告》中的竞争力指数（TTCI）体系，根据分析做一定修改和补充，最终形成旅游服务进出口互动系统耗散结构的指标体系（见表 8 - 8）。其中，输入型指标包括旅游贸易国家的经济条件、规章制度、商业环境和基础设施、人力资源和旅游资源四项一级指标，输出型指标包括旅游业绩一项一级指标。在指标体系中，规章制度、商业环境和基础设施、人力资源和旅游资源三个一级指标以及所包含的二级指标是 TTCI 指标，指标分值范围从 1 至 7，分值越高表明竞争力越高。经济条件和旅游业绩指标由笔者根据世界经济论坛相关数据进行计算而得。所有指标均为正向化指标。

表 8-8　　旅游服务进出口互动系统耗散结构指标体系

指标类型	一级指标	二级指标	指标权重						
			中国	新加坡	马来西亚	泰国	印度尼西亚	菲律宾	越南
输入型指标（S_i）	经济条件（S_{i1}）	GDP	0.517	0.647	0.598	0.580	0.549	0.597	0.543
		人均 GDP	0.483	0.353	0.402	0.420	0.451	0.403	0.457
	规章制度（S_{i2}）	开放规制	0.078	0.066	0.021	0.062	0.169	0.015	0.307
		环境可持续发展	0.156	0.548	0.156	0.089	0.017	0.057	0.114
		安全保障	0.580	0.029	0.325	0.394	0.034	0.017	0.052
		健康卫生	0.087	0.116	0.169	0.286	0.405	0.042	0.108
		旅游产业地位	0.100	0.241	0.329	0.170	0.376	0.869	0.419
	商业环境和基础设施（S_{i3}）	航空设施	0.007	0.011	0.081	0.027	0.077	0.031	0.003
		路面交通设施	0.003	0.003	0.492	0.395	0.514	0.288	0.007
		旅游基础设施	0.137	0.682	0.251	0.126	0.099	0.524	0.205
		通信设施	0.091	0.049	0.161	0.438	0.267	0.142	0.093
		旅游业价格竞争力	0.762	0.255	0.015	0.014	0.043	0.015	0.693
	人力资源和旅游资源（S_{i4}）	人力资源	0.015	0.303	0.041	0.210	0.048	0.064	0.095
		旅游亲和力	0.780	0.210	0.021	0.041	0.266	0.043	0.236
		旅游资源	0.205	0.487	0.937	0.750	0.686	0.894	0.669
输出型指标（S_o）	旅游业绩（S_{o1}）	旅游入境人数	0.048	0.071	0.170	0.145	0.261	0.059	0.310
		旅游外汇收入	0.254	0.616	0.616	0.624	0.454	0.317	0.425
		人均旅游外汇收入	0.102	0.256	0.158	0.165	0.027	0.278	0.018
		旅游外汇收入占 GDP 比率	0.596	0.058	0.057	0.066	0.258	0.345	0.248

经济条件指标表明一国经济越发达，对旅游业的资本投入也越多。规章制度中的开放规制衡量一国对外开放度，旅游产业地位表明国家对旅游业的重视程度，环境可持续发展、安全保障和健康卫生指标是一国在这三方面建设的政策作为，因此规章制度越完善，越能为一国旅游系统提供优越的制度环境。商业环境和基础设施中的航空设施、路面交通设施、旅游基础设施、通信设施越完善，旅游价格竞争力越高，旅游引力附加值越高。人力资源和旅游资源指标表明一国拥有越丰富和优质的旅游资源和人力资源，对游客友好度越高，旅游引力越高。旅游业绩指标中各项二级指标数值越大，则旅游业的产出水平越高，对国民经济的贡献越大。

三 旅游服务进出口互动系统耗散结构测度方法

旅游服务进出口互动系统的耗散结构将通过信息熵进行测度。信息熵由申农（Shannon）于1948年提出，信息论中引入熵的概念，用于表示系统的不确定性、稳定程度和信息量。信息是系统有序程度的度量，熵是系统无序程度的度量，二者绝对值相等，符号相反（崔和瑞等，2005）。对于一个不确定性系统，用随机变量 $X=\{x_1, x_2, \cdots, x_n\}$（$n \geqslant 2$）表示系统的状态特征，其出现的概率为 $P=\{p_1, p_2, \cdots, p_i\}$（$0 \leqslant p_i \leqslant 1$，$i=1, 2, \cdots, n$）且有 $\sum_{i=1}^{n} p_i = 1$，则该系统的信息熵为 $S = -\sum_{i=1}^{n} p_i \ln p_i$，该公式被称为申农公式，可用来描述任何一种体系或物质运动的混乱度和无序度（张妍等，2005），进而判断其有序程度。

具体而言，旅游服务进出口互动系统的耗散结构将通过年份信息熵和指标信息熵进行判断。运用年份信息熵定量测算系统中历史时间序列中每一年份的有序度数值，从而判断系统的有序演化方向；指标信息熵的引入则综合量化耗散结构测度的多维指标要素，从而得出系统历史时间序列中每一年份的系统综合发展度。通过年份信息熵和指标信息熵的综合分析比较最终判断出系统的有序状态和健康发展程度。

假设对系统中 m 个年份 n 个指标进行评价，p_{ij}（i 为指标，j 为年份）为原始指标的归一化值，则运用年份信息熵计算系统不同年份的信息熵公式为：

$$s_j = -\frac{1}{\ln m}\sum_{i=1}^{n}\frac{p_{ij}}{p_j}\ln\frac{p_{ij}}{p_j} \tag{8-1}$$

其中，$p_j = \sum_{i=1}^{n} p_{ij}$（$i=1, 2, \cdots, n; j=1, 2, \cdots, m$）。

系统历史时间序列中每一年的综合发展度通过指标信息熵确定指标权重，最终算出某一年份的综合发展度。具体计算公式如下：

（1）指标信息熵公式为：

$$E_i = -\frac{1}{\ln m}\sum_{j=1}^{m}\frac{p_{ij}}{p_i}\ln\frac{p_{ij}}{p_i} \tag{8-2}$$

其中，$p_i = \sum_{j=1}^{m} p_{ij}$（$i=1, 2, \cdots, n; j=1, 2, \cdots, m$）。

（2）指标权重公式：

$$Q_i = \frac{1-E_i}{\sum_{i=1}^{n} E_i} \tag{8-3}$$

（3）年份综合发展度公式：

$$f_j(p) = \sum_{i=1}^{n} Q_i \frac{p_{ij}}{p_i} \tag{8-4}$$

四　中国与东盟六国旅游耗散结构评价

（一）有序度和综合发展度

指标数据为《旅游竞争力报告》2007 年、2008 年、2009 年、2011

年、2013 年五年历史数据。根据年份信息熵公式得出中国、新加坡、马来西亚、泰国、印度尼西亚、菲律宾、越南各国旅游服务进出口互动系统耗散结构的熵结果（见表 8－9）。根据指标信息熵公式得到系统中各类指标的权重值（见表 8－8），并最终得到各国历年综合发展度（见表 8－9）。根据各类型熵的熵值以及总熵，可看出随着系统注入的负熵流逐渐增加，各国旅游系统均向有序方向演化。而随着系统有序程度增加，各国的旅游综合实力除了 2008 年略微下降外，主要呈现出提高的特征。

表 8－9　中国和东盟六国旅游服务进出口互动系统耗散结构

熵类别		经济条件熵	规章制度熵	环境设施熵	资源熵	旅游业绩熵	总熵	综合发展度
符号		S_{i1}	S_{i2}	S_{i3}	S_{i4}	S_{o1}	$S_{o1}-(S_{i1}+S_{i2}+S_{i3}+S_{i4})$	U
中国	2007 年	0.431	1.000	0.970	0.680	0.850	－2.230	0.953
	2008 年	0.431	0.999	0.978	0.682	0.856	－2.232	0.867
	2009 年	0.431	0.999	0.993	0.682	0.860	－2.245	0.953
	2011 年	0.431	0.999	0.993	0.682	0.856	－2.248	1.040
	2013 年	0.431	0.999	0.991	0.679	0.843	－2.257	1.188
越南	2007 年	0.431	0.999	0.938	0.681	0.849	－2.200	0.994
	2008 年	0.431	0.998	0.970	0.678	0.858	－2.219	0.837
	2009 年	0.431	0.999	0.979	0.679	0.861	－2.227	0.907
	2011 年	0.431	1.000	0.982	0.682	0.857	－2.238	0.987
	2013 年	0.431	0.998	0.984	0.676	0.850	－2.239	1.274
新加坡	2007 年	0.430	0.998	0.997	0.678	0.853	－2.250	0.876
	2008 年	0.430	1.000	1.000	0.680	0.857	－2.252	0.887
	2009 年	0.430	1.000	0.999	0.682	0.861	－2.250	0.982
	2011 年	0.431	1.000	1.000	0.682	0.860	－2.251	1.013
	2013 年	0.430	1.000	1.000	0.682	0.853	－2.258	1.242

续表

熵类别		经济条件熵	规章制度熵	环境设施熵	资源熵	旅游业绩熵	总熵	综合发展度
符号		S_{i1}	S_{i2}	S_{i3}	S_{i4}	S_{o1}	$S_{o1}-(S_{i1}+S_{i2}+S_{i3}+S_{i4})$	U
马来西亚	2007 年	0. 430	0. 999	0. 988	0. 681	0. 856	-2. 243	0. 895
	2008 年	0. 431	0. 999	0. 997	0. 682	0. 859	-2. 249	0. 884
	2009 年	0. 431	0. 999	0. 996	0. 682	0. 861	-2. 246	1. 007
	2011 年	0. 431	1. 000	0. 998	0. 682	0. 861	-2. 250	1. 021
	2013 年	0. 430	0. 999	0. 999	0. 682	0. 855	-2. 255	1. 193
印度尼西亚	2007 年	0. 430	0. 988	0. 999	0. 682	0. 849	-2. 251	0. 950
	2008 年	0. 431	0. 991	0. 997	0. 678	0. 858	-2. 238	0. 860
	2009 年	0. 431	0. 992	0. 998	0. 682	0. 861	-2. 242	0. 935
	2011 年	0. 431	0. 995	0. 999	0. 682	0. 860	-2. 246	1. 030
	2013 年	0. 430	0. 983	0. 993	0. 680	0. 846	-2. 240	1. 224
泰国	2007 年	0. 431	0. 999	0. 982	0. 683	0. 856	-2. 239	0. 899
	2008 年	0. 431	0. 999	0. 995	0. 682	0. 859	-2. 248	0. 910
	2009 年	0. 431	0. 999	0. 996	0. 683	0. 861	-2. 247	0. 991
	2011 年	0. 431	1. 000	0. 994	0. 682	0. 861	-2. 246	1. 029
	2013 年	0. 430	0. 999	0. 989	0. 682	0. 857	-2. 244	1. 171
菲律宾	2007 年	0. 430	0. 999	0. 992	0. 678	0. 856	-2. 243	0. 917
	2008 年	0. 430	0. 998	0. 997	0. 681	0. 860	-2. 246	0. 893
	2009 年	0. 431	0. 997	0. 994	0. 682	0. 850	-2. 254	1. 080
	2011 年	0. 431	0. 997	0. 998	0. 682	0. 856	-2. 252	0. 932
	2013 年	0. 430	0. 987	0. 995	0. 682	0. 843	-2. 252	1. 178

（二）影响因素

旅游系统耗散结构演化发展是多种要素综合影响的结果，通过旅游系统耗散结构指标权重的计算（见表 8 -8），可看出尽管中国、新加坡、马来西亚、泰国、印度尼西亚、菲律宾、越南的旅游系统向着有序健康方向演化，但由于各国国情不一，建设力度不同，各类要素影响也呈现不同特点。

经济条件方面，增强旅游吸引力需要国家经济实力的支撑，不管是经济总量还是人均量都对各国旅游系统起到重要影响，尤其是一国 GDP 水平的高低更是对旅游业发展的支撑作用显著。

规章制度方面，在中国，安全保障指标权重最高（0.580）[①]，其次分别是环境可持续发展因素的指标权重为 0.156，旅游产业地位因素的指标权重为 0.100，而开放规制因素影响很小（0.078），表明自 1978 年实施改革开放以来，中国不断扩大对外开放度，旅游相关要素进出中国市场顺畅，在此背景下，能否给旅游者和企业提供应有的安全保障则至关重要；此外，政府是否重视环境发展以及是否重视旅游产业对旅游产出有明显影响。在新加坡，环境可持续发展是最重要影响因素，指标权重为 0.548，其次是旅游产业地位，权重为 0.241，新加坡总体来说旅游资源较为缺乏，但国家重视生态环境建设，素来有“花园城市”的美誉，良好的生态环境是重要的旅游吸引力，加之政府对旅游业的重视，促进了旅游业的发展。在马来西亚，在国家对外开放条件下，各项政策均对本国旅游业产生明显影响，其中旅游产业地位和安全保障的影响最大，权重分别为 0.329 和 0.325，其次是环境可持续发展和健康卫生，权重分别是 0.156 和 0.169。泰国与中国相似，在旅游业发育相对成熟的条件下，为旅游业创造安全保障的因素对旅游业影响最大，权重为 0.394，同时也要重视旅游产业地位（0.170）和健康卫生因素（0.286）。印度尼西亚、菲律宾和越南三国的旅游业发展水平相对较低，三国旅游产业地位因素权重均较高，分别为 0.376、0.869 和 0.419，表明要优化旅游系统，三国均需更加注重提升旅游的产业地位。印度尼西亚的健康卫生因素权重很高，为 0.405，表明提供健康卫生保障是促进印度尼西亚旅游发展的重要因素。印度尼西亚和越南的开放规制因素重要性程度也相当高，权重分别为 0.169

---

① 括号内为指标权重，下同。

和0.307，表明印度尼西亚和越南在对外开放中仍然存在不少制约旅游要素顺畅进出的因素，因而，两国政府应该在不断加强对外开放度基础上，依托国内丰富旅游资源，加大对旅游业的支持度。

商业环境和基础设施方面，中国和越南的影响因素具有较高的相似性。旅游业价格竞争力影响最大，中国和越南的指标权重分别为0.762和0.693，表明两国的旅游业价格水平偏高，在激烈的国际旅游竞争中易于陷入不利境地，如何降低旅游成本进而提高价格竞争力是两国均需重点解决的核心问题。随着国际旅游者的不断涌入，旅游基础设施供应能力对旅游者需求满足的影响愈加强烈，中国指标权重为0.137，越南指标权重为0.205，说明越南国内旅游基础设施建设明显跟不上旅游业发展，极大制约了旅游业的发展。新加坡发展旅游业的各类基础设施都相当完善，有力地促进了旅游业的发展，尤其是完备的旅游基础设施极具吸引力（0.682），是最重要的影响因素，旅游业价格竞争力在吸引旅游者方面也具有较强的优势（0.255）。和中国、越南相比，马来西亚、泰国、印度尼西亚和菲律宾四国的旅游业价格非常具有竞争力，但权重都很低，四国的基础设施对旅游业的影响大，其中路面交通设施对马来西亚、泰国和印度尼西亚的重要性强，指标权重分别为0.492、0.395和0.514，三国需进一步加强路面交通设施建设。此外，旅游基础设施（0.251）和通信设施（0.161）对马来西亚影响也较大，较为完善的旅游基础设施和通信设施为旅游提供了便利性；完善的通信设施对泰国和印度尼西亚旅游业发展重要性大，指标权重分别为0.438和0.267。对菲律宾而言，旅游基础设施影响最大（0.524），其次分别是路面交通设施（0.288）和通信设施（0.142），表明较为完备的旅游基础设施对菲律宾旅游业起到了积极的促进作用，而欠发达的通信设施和路面交通设施则起到了制约的作用。

人力资源和旅游资源方面，对中国影响最大的是旅游亲和力

(0.780)，其次是旅游资源（0.205），表明经过多年发展，中国丰富的旅游资源得到较好的开发，对国际旅游者的影响力较大，目前吸引旅游者的关键在于中国居民对旅游和对旅游者的态度，在于社会氛围的营造。旅游资源（0.487）、人力资源（0.303）和旅游亲和力（0.210）对新加坡的影响较为均衡，表明丰富的旅游资源、优秀旅游人才提供的优质服务以及亲和的社会氛围是新加坡的魅力所在。旅游资源对马来西亚和菲律宾起到的是完全支配性的影响，权重分别为0.937和0.894，但二者的影响机理是不同的。马来西亚旅游业起步早，发展成熟，在具备优质旅游人力资源和良好的人文社会氛围的基础上，如何充分利用丰富旅游资源进一步吸引旅游者是最关键的问题；而菲律宾旅游业总体水平较为低下，当前最重要的问题是对旅游资源进行开发建设。泰国丰富的旅游资源（0.750）以及优质的人力资源（0.210）是其旅游业成功的关键因素。印度尼西亚在拥有丰富旅游资源（0.686）的基础上，营造良好社会氛围，提升旅游亲和力（0.266）显得尤为重要。越南的旅游资源因素对旅游业发展影响最大（0.669），表明越南旅游业起步较晚，旅游开发广度和深度有待提高，才能更好提高旅游吸引力。

在旅游业绩方面，中国的旅游外汇收入占GDP比率指标值均最大，指标权重为0.596，表明旅游服务贸易出口对国民经济整体贡献还很低，中国仍需加大旅游业发展，不断投入各种负熵流要素，吸引入境旅游者消费而增加外汇收入，进而提高旅游外汇收入在国民经济体系中的经济贡献度。新加坡、马来西亚和泰国三国的旅游服务贸易尤其入境旅游发展红火，取得不菲的外汇收入，旅游外汇收入权重分别为0.616、0.616和0.624，三个国家的人均旅游外汇收入的权重也较高，分别为0.256、0.158和0.165，旅游外汇收入是新加坡、马来西亚和泰国旅游业绩的重要影响因素，对本国GDP的贡献率大。印度尼西亚和越南的入境旅游人数和外汇收入规模都相当大，其中，印度尼西亚和越南在入境旅游人数的指标权重分别为0.261 和0.310，在旅游外汇收入的指标权重分别为0.454 和0.425，但仍需进一步发展入境旅游，提高旅游外汇收入对GDP的贡献度。和其他国家相比，菲律宾入境旅游规模相对较小，旅游外汇收入（0.317）较低，制约了其对GDP的贡献（0.345）。

（三）结论

中国、新加坡、马来西亚、泰国、印度尼西亚、菲律宾、越南的旅游系统均向着有序健康方向发展，系统有序度越高，旅游综合发展实力越强，提高旅游综合发展实力的关键在于增大输入型熵流的投入，增加负熵流。旅游系统耗散结构受经济条件、规章制度、商业环境和基础设施、人力资源和旅游资源等要素影响，但各个要素影响程度不一，增加负熵流进而提高系统的有序度，要对各国旅游系统耗散结构的关键因素进行分析，保持优势因素的积极作用，加强薄弱因素的投入，从而优化各国旅游系统的耗散结构。对中国而言，GDP、安全保障、旅游业价格竞争力以及旅游亲和力是提高旅游综合发展实力的关键要素。GDP、环境可持续发展、旅游基础设施和旅游资源是影响新加坡旅游系统的主要因素。影响马来西亚旅游系统的主要因素包括GDP、安全保障、旅游产业地位、路面交通设施、旅游资源。影响泰国旅游系统的主要因素是GDP、安全保障、路面交通设施、通信设施、旅游资源。影响印度尼西亚旅游系统的主要因素是GDP、开放规制、健康卫生、旅游产业地位、路面交通设施和旅游资源。影响菲律宾旅游系统的主要因素是GDP、旅游产业地位、旅游基础设施和旅游资源。影响越南旅游系统的主要因素是GDP、政府开放规制、旅游产业地位、旅游业价格竞争力以及旅游资源。

涨落是耗散结构的动力，在旅游服务进出口互动系统中，通过创造一些涨落可以促使互动系统跃升到更高层次的有序状态。对中国与东盟各国互动而言，在持续不断为各国旅游系统注入负熵流以外，可以在实施更为开放友好的对外政策、实施更为便利化的出入境政策以及交通便利化等方面有更大突破，从而实现中国与东盟诸国互动系统耗散结构的涨落。

第五节　中国—东盟旅游服务进出口互动综合评价

一　有利条件

综合上述多方面的定性和定量分析，归纳出中国—东盟旅游服务进出口互动具备了多方面的有利条件，具体如下。

第一，中国—东盟各国旅游互动意愿强烈，各国都在积极谋划旅游互动并付诸行动。中国与东盟国家均实施对外开放政策，谋求合作共赢。中国与东盟各国签署了各类有利于旅游互动的框架协定，实施诸多有利于旅游便利化的政策措施，在联合开发产品、联合营销推广、共同建设基础设施、相互输送客源等方面推动具体互动事宜，致力于共同维护平等、互利、共赢的睦邻友好关系，积极为旅游互动创造开放、和平、包容的国际环境。

第二，中国—东盟的旅游资源不仅特色鲜明，而且有着很强互补性。中国—东盟各国旅游资源丰富，涵盖各类自然、社会人文资源，不仅有传统特色，还囊括现代时尚。各国旅游资源特色鲜明，且互补性强，可以形成“自然＋自然”“社会人文＋社会人文”“自然＋社会人文”“传统＋传统”“现代＋现代”“传统＋现代”等多类跨国互补旅游产品和旅游线路，能满足当代旅游者多元化旅游需求，不仅对互动各国旅游者具有经久不衰的吸引力，作为一个互动整体对外也具有强烈的吸引力。

第三，区位、跨国交通、文化因素为中国—东盟旅游互动创造了得天独厚的先天优势。中国与东盟地理位置毗邻，加之各国加强跨国交通联通，往返交通便捷，极大节省了中国与东盟各国公民相互旅游的时间、金钱成本，提高了旅游的经济效益。毗邻的区位让中国与东盟结下了交往历史悠久的渊源，形成了同源异质的文化特征。同源异质的文化是推动中国—东盟旅游互动的有利因素。在国际旅游过程中，国际旅游者往往是“求异”和“求同”心理共存。“求异”推动旅游者向往有别于母国的奇特民俗文化；而“求同”使得旅游者也偏好与母国某些相同或相近的风俗文化，相通的文化背景能使旅游者在旅游途中消除陌生环境的紧张感，易于产生认同感和亲和力。中国与东盟各国文化的同源异质特征明显，开展旅游互动活动能同时满足旅游者“求同”和“求异”的心理需求。中国与东盟国家文化背景相似之处主要体现在：（1）中国一些南部地区与东盟国家山水相连，国土接壤，众多民族跨境而居，语言相通，习俗相近，相处友好，历史上通婚普遍，来往密切，由此形成了较强的社会文化纽带。（2）中国传统儒家文化对东南亚国家有深远影响，东南亚各国普遍崇尚中国的儒家文化，学习儒家文化热潮迭起，由此形成了较强的文化认同基础。（3）东盟国家普遍信奉佛教，佛教徒众多，而佛教也是中国三大宗教信仰之一，同样拥有规模庞大的佛教徒，相似的宗教信仰串联起了中国与东盟国家的文化联系。（4）中国下南洋的历史使得东南亚华人群体规模庞大，诸如印度尼西亚、马来西亚、泰国和新加坡这些国家都是主要的华人聚集区，东南亚华人对当地政治、经济和文化有着广泛深远的影响，同时同宗同源的血脉联系更是架起了中国与东盟国家的密切往来桥梁。中国与东盟国家文化相异之处体现在：尽管中国南部地区与东盟各国毗邻而居，跨国居住，但国家政治区域的界线以及疆界的封闭又形成了各国各具特色的社会经济文化、民族传统文化以及特色文化景观，对互动各国旅游者均具有极大吸引力。中国与东盟国家同源异质的文化背景为双边的旅游互动奠定了坚实的基础，是旅游互动的积极有利因素。

第四，中国—东盟各国致力于旅游开发建设，具备较好的旅游基础设施和旅游环境。中国与东盟各国都把旅游业作为国民经济体系中的重要产业来发展，在开发旅游资源同时，逐步建立和完善各项旅游基础设施，优化旅游环境，各国的旅游系统耗散结构向着健康有序方向发展，能多方面满足旅游者的旅游需求。2013 年，中国旅游研究院首次公布了中国公民出国旅游满意度调查报告，报告显示中国游客对东盟国家的好感与日俱增，在旅游城市形象、旅游服务、旅游公共交通、景区景点购物、餐饮等文化方面，新加坡、泰国、马来西亚等为代表的东盟国家一直是中国游客用以评价海外旅游目的地的标杆国家之一。

第五，中国—东盟具备广大的互动客源市场空间。中国—东盟自由贸易区是世界上人数最多的区域经济共同体，虽然自贸区内各国经济发展不一，但同属新兴经济体，经济发展势头好，具备进行跨境旅游条件的人数逐渐增多，中国与东盟互为主要的旅游客源地和旅游目的地，未来还有很大的客源空间可挖掘。

第六，中国—东盟各国进行了一定卓有成效的旅游营销推广工作。为了使中国与东盟各国更好地进行旅游服务进出口互动，各国都非常重视旅游营销推广工作，有效地提升了各国旅游吸引力和竞争力。

二　制约条件

中国—东盟旅游服务进出口互动具备了诸多有利条件，同时也存在制约良性互动的条件，具体表现如下。

第一，各国经济发展不均衡使区域旅游服务进出口互动复杂性增大。根据国际经验，旅游合作区内部各成员的经济发展水平最好在同一层次上（何莉环和杨清震，2008），如果互动中各成员经济存在明显差异，则会对旅游合作互动造成一定困难。旅游服务进出口互动最基本的互动要求是互为旅游目的地和旅游客源地，如果互动国家经济发展水平相当，则在相互输送客源方面是对等型互换，互动双方容易实现旅游服务贸易共赢。按照世界银行的归类（见表 8 - 10），中国与东盟国家的经济发展水平可分为四个层次，其中新加坡为高收入国家，中国、泰国、马来西亚为中高等收入国家，印度尼西亚、菲律宾、越南、老挝为中低等收入国家，而柬埔寨和缅甸则为低收入国家。很明显，在中国与东盟旅游互动体系内，各合作国的经济发展水平参差不齐，给旅游互动带来一定的阻力。经济发展水平低的国家一方面在本国旅游投入方面有限，旅游业发展层次低，不完善的旅游服务体系会在一定程度上“吓跑”互动体系内其他国家的旅游者，同时在各国旅游互动公共基础设施的投入也有限，严重阻碍了各国旅游的有效互动；另一方面低收入水平难以形成大规模的客源市场，在和经济水平发展较高的国家的旅游互动中，形成的是主次型客源互换模式，制约了互动体系内整体客源市场容量的增大。

表 8 - 10　　2013 年中国与东盟各国经济发展水平

国家	GDP（10 亿美元）	人均 GNI（美元）	收入水平
中国	9240.00	6560	中高等收入国家
新加坡	297.90	54040	高收入国家
泰国	387.30	5340	中高等收入国家
马来西亚	313.20	10430	中高等收入国家
印度尼西亚	868.30	3580	中低等收入国家
菲律宾	272.10	3270	中低等收入国家
越南	171.40	1740	中低等收入国家
老挝	11.24	1450	中低等收入国家
柬埔寨	15.24	950	低收入国家
缅甸	—	—	低收入国家

资料来源：笔者通过世界银行网站收集整理。

第二，交通设施较为落后。旅游业对交通存在高度的依赖性，良性的旅游互动需以互联互通作为保障。尽管中国与东盟互联互通的进程仍在推进中，但各国交通状况情况不同，总体比较落后的现实严重妨碍了互联互通的实现。其中，中国、新加坡、马来西亚和泰国的交通体系较为完善发达，其他国家交通体系尚不够完善，交通设施较为落后，主要表现在铁路设施落后，公路等级低，航线主要集中在东盟国家内部等方面，尤其是老挝、柬埔寨和缅甸等国家的交通更为闭塞，严重阻碍了旅游业的发展以及与其他国家的旅游互动。

第三，各国的摩擦或者突发事件使得互动关系受阻。尽管中国与东盟国家友好交往的历史由来已久，并签订了一系列谅解备忘录等协议，有效解决了双边旅游互动的矛盾冲突，但由于宗教、利益、文化、沟通等问题，合作中不可避免产生了单边不遵守协议问题，发生摩擦，导致互动关系受阻。例如，南海问题是中国与东盟国家之间颇为敏感的问题，近年来因为南海争端导致中国与越南、菲律宾关系紧张进而导致旅游互动受阻的摩擦时有发生。此外，在一些东南亚国家存在排华情绪，危及华人安全，人为设置了中国人到这些国家旅游的障碍。

第六节　中国—东盟旅游服务进出口互动机制和模式

一　中国—东盟旅游服务进出口互动机制

旅游服务进出口互动系统中包括国家政府、旅游企业和国际旅游者三大互动主体，互动主体采取竞争或合作的互动行为受各种动力因素的驱动影响。宋子千（2008）认为动力机制是对行为成因的概括，区域旅游合作包括推力因素和拉力因素，推力因素指的是

“各主体的合作需求”，而拉力因素则是“合作可能带来的收益”。本节沿用宋子千的观点，把影响旅游服务进出口互动的动力因素分为推力因素和拉力因素两大要素。其中，拉力因素是促成互动的客观因素，包括旅游资源、市场需求和支持系统三个子要素；推力因素是影响互动的主观因素，指区域旅游互动主体的利益诉求。根据以上分析，以第四章旅游服务进出口互动概念模型为基础，本节构建中国—东盟旅游服务进出口互动的机制概念模型，见图 8－3。

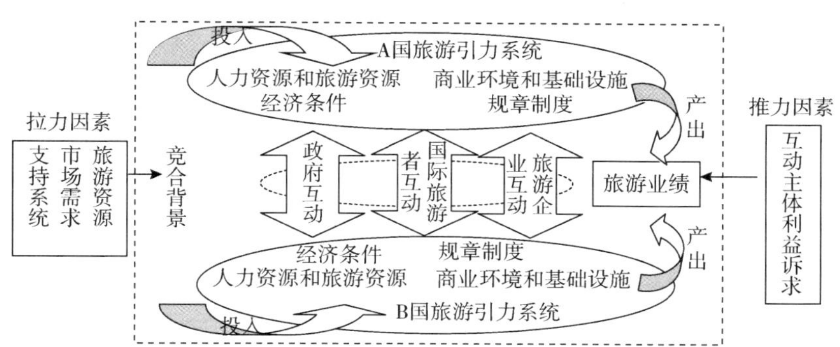

图 8－3　中国—东盟旅游服务进出口互动的机制概念模型

（一）旅游资源

根据进行旅游合作的地区在空间上是否连续可将区域旅游合作划分为板块型和非板块型两种类型，板块型在空间上连续，而非板块型空间不连续（吴军，2007）。板块型区域之间进行旅游互动的基础缘于区域旅游资源具有空间临近性、资源差异性、非排他性和相似性特征。区域之间各地区空间临近，有利于各地区优势资源整合，优化资源分布空间，因此，空间临近是板块型区域旅游互动的先决条件。旅游资源的差异性特征则易于形成区域旅游资源的互补效应，各地区不同特色旅游资源重新组合成更大范围新产品，延长旅游者在区域范围的停留时间。旅游资源的非排他性意味着某些旅游资源并非某地区独有，而为多个地区共同拥有，因此具有共享性特点。共享型旅游资源在不同地区进行开发，往往导致不同地区之间因雷同产品产生的激烈竞争，造成浪费成本和争抢客源的恶性竞争局面。因此，应进行共享型旅游资源的区域合作，共同开发和保护，实现旅游资源可持续发展。板块型区域空间相连，往往区域内存在相似的气候、文化渊源等条件，旅游资源在具有一定差异性的同时往往也存在相似性特征，相似资源存在竞争，但若组合起来，则可对外统一整体形象，具有合作的可能性。而资源的非排他性特征实际是相似性特征的一个独特表现。

中国与东盟各国地理位置临近，尤其广西与越南接壤，云南与越南、老挝和柬埔寨有共同边界，属于板块型区域旅游互动类型，为旅游互动提供了良好的地理空间优势。互动双方均拥有丰富多彩、享誉全球的自然和人文旅游资源，中国各类旅游资源俱全，万里长城、兵马俑、桂林山水、云南丽江等中外闻名；泰国、马来西亚、印度尼西亚、菲律宾和文莱等国家充满热带风情，拥有优越滨海度假条件，如泰国芭提雅、马来西亚兰卡威、印度尼西亚巴厘岛等，同时泰国佛教文化盛行，柬埔寨、老挝、缅甸佛教资源丰富，柬埔寨的吴哥窟名扬四海，缅甸有着“佛塔之国”美誉；越南以海滨风光著称，世界自然遗产下龙湾被誉为“海上桂林”；而“花园城市”新加坡则以现代化都市景观吸引旅游者。中国与东盟之间旅游资源既有相似性，又存在巨大差异，具有合作基础。此外，互动双方旅游资源还具有共享性特征，如世界第四大、亚洲第一大跨国瀑布——德天瀑布为中越两国共同拥有，极具旅游开发价值的湄公河流经我国西藏、云南两省以及柬埔寨、越南、老挝、缅甸、泰国等东盟国家，这为旅游合作提供了可能性。

（二）市场需求

区域旅游互动的市场需求主要体现在区域外部需求和内部需求两方面。随着世界旅游重心逐渐向亚太地区转移，中国与东盟地区的旅游日益受到瞩目和青睐，中国和东盟国家存在巨大的外部市场需求，中国与东盟合作互动把各种优势旅游资源进行优化组合，突出特色，有利于联合塑造鲜明区域旅游形象，对自贸区外旅游者产生吸引力，满足自贸区外旅游者多样化的旅游需求。受互动区域内部地缘相近、文化同源、景观各异等因素影响，中国与东盟内部同样有着巨大的市场需求，中国与东盟之间已相互成为重要的旅游客源地和目的地。

（三）支持系统

支持系统是中国—东盟旅游服务进出口互动系统的调节因素，其作用的方向和力度将对旅游互动起到支持或者抑制的作用。具体而言，支持系统包括旅游规章政策、商业环境和基础设施、旅游服务、旅游交通、旅游营销等。随着有利于中国与东盟旅游互动的各项规章政策越来越完备，中国与东盟旅游互动越来越深入发展。交通条件落后是制约中国与东盟旅游互动深入发展的瓶颈，只有加强各国交通的对接与加快各国交通条件的改善才能真正实现旅游互联互通。旅游营销对区域旅游形象塑造、刺激旅游消费起到了积极的作用，诸如中国—东盟博览会以及各国举办的各种旅游节庆等活动对中国—东盟旅游起到了很好的营销推广效果。

（四）互动主体利益诉求

中国与东盟进行旅游服务进出口互动，各国互动主体的利益诉求主要在于谋求互动共赢，通过旅游互动，提升各国以及区域旅游竞争力，促进经济发展，通过旅游促进各国人民交流了解，加强互信互任，为中国与东盟经贸合作创造和平友好环境。中国与东盟各国互动主体的利益诉求越强烈，则中国—东盟旅游互动越深入。

中国与东盟各国互动主体以追求利益诉求为目标，在旅游资源、市场需求和支持系统的拉动下，互动主体中的政府和旅游企业充分发挥互动主体的主动性，对内进行本国旅游系统建设，对外积极创造互动条件，由此推动中国与东盟各国进行更多的客源互动，实施更多的旅游互动动作，中国—东盟旅游互动系统运行机制良好，中国与东盟各国旅游系统的耗散结构逐步向着有序方向发展，从而推动中国—东盟旅游互动系统向着更高层次良性发展。

二 中国—东盟旅游服务进出口互动模式

在第六章中，对我国旅游服务进出口互动模式进行了系统分析。总体来说，在我国实行的全方位的旅游服务进出口贸易中，在确定旅游服务互动实施主体的前提下，互动模式是多元化的。与东盟的旅游服务进出口互动是我国旅游服务进出口互动体系的重要组成部分，也是探索国际区域旅游合作互动的有益尝试，构建中国—东盟旅游服务进出口互动模式应既有我国总体互动模式的共性，同时也应具有特定区域的模式特性。

中国—东盟旅游服务进出口互动涉及的是国家间的旅游关系，从互动模式的主体来看，当前乃至相当长时期内，实施的是政府主导旅游企业参与互动的模式。互动各国政府和相关部门从宏观上主导旅游互动过程，主导作用体现在两方面：一是作为互动主体积极主动为各国旅游互动创造条件，包括建立和增进国家间的友好互动关系、对旅游服务进出口互动进行制度安排、主导协调互动各国共同制定互动发展规划，在自由贸易区框架下推进旅游服务贸易互动一体化进程，在共同进行旅游产品开发、共同进行旅游线路设计、共同进行旅游基础设施建设、促进旅游交通互联互通、共同树立区域旅游形象和品牌、联合进行旅游营销推广、相互输送客源、共同开拓客源市场、共享旅游信息、相互培养旅游人才等方面发挥主导主体的作用；二是主导一国国内旅游业开发建设，提升本国旅游业吸引力和竞争力水平。在政府主导下，引导鼓励互动各国旅游企业积极跟进参与旅游互动的微观市场经济中。当互动一体化程度相当高时，各国旅游企业根据市场经济规律在国家之间配置资源要素，组织旅游产品生产销售，此时旅游企业成为旅游服务进出口互动的主体，而各国政府及相关部门在互动中主要起到的是引导、协调、服务、监督、规范的作用，可以实施政府引导旅游企业主体互动模式。

根据中国与东盟互动区域范围大小，形成了三层级的圈层化互动模式。第一层级，中国与东盟“10＋1”旅游互动模式，即中国与东盟整体的旅游合作互动，是一种多层次、宽领域、全方位的旅游合作互动形式。第二层级，次区域旅游互动模式。根据中国与东盟的旅游资源特性和区位地理优势，形成了大湄公河次区域旅游合作互动模式和泛北部湾次区域旅游合作互动模式。其中，大湄公河次区域为湄公河流域的6个国家和地区，包括柬埔寨、越南、老挝、缅甸、泰国和中国的云南省，该区域为依托亚洲重要的国际河流湄公河形成的合作区，具有具备共同的旅游资源（湄公河）和区位地理毗邻的显著特色。大湄公河次区域涵盖多种气候特征，兼具多样地理特征，自然景观奇特；此区域内汇集众多民族，各民族建筑、宗教习俗、服饰、风情各具特色；该区域内拥有特色鲜明、举世闻名的名胜古迹，比如：中国云南的丽江古城、老挝的琅勃拉邦古都、缅甸的仰光大金塔、柬埔寨的吴哥窟、泰国的大王宫和越南的下龙湾等。依托湄公河流域，大湄公河次区域具有丰富多彩的自然景观和博大精深的文化底蕴，旅游资源相似性和互补性兼具，是独一无二的特色旅游合作互动区。泛北部湾次区域合作区是环北部湾经济合作区的拓展和延伸，包括中国、越南、马来西亚、菲律宾、印度尼西亚、新加坡和文莱等国家，该次区域旅游合作特点是依托海洋资源优势串联各国的旅游合作互动。第三层级，中国与东盟各国的旅游互动模式。根据中国与东盟各国的双边关系、旅游发展的需要，中国分别与越南、泰国、新加坡、马来西亚、老挝、柬埔寨、缅甸、文莱、印度尼西亚、菲律宾等东盟各国构建旅游互动关系。中国和东盟各国都视对方为重要的旅游合作互动国家，存在相互发展旅游的需要，在此条件下，双边关系是互动模式选择重点考虑因素之一。双边关系良好，互信程度高，则旅游互动水平高。中国与东盟国家不断加强深化双边关系，为旅游服务进出口互动提供了重要平台。2005 年，中国率先与印度尼西亚建立战略伙伴关系，开创了中国与东盟国家战略伙伴关系的先河。2008 年以来，中国与越南、老挝、柬埔寨、缅甸、泰国、马来西亚和印度尼西亚的关系均升级为全面战略伙伴关系①。以上措施对增进中国与东盟国家互信、加强务实合作起到积极不可替代的作用，双边高层互访频繁，经济和社会人文交往密切，是旅游服务进出口互动的利好因素。在三层级互动模式中，第一层级模式是第二、第三层级模式的总体指导，第二、第三层级模式是第一层级模式的细化和延伸拓展，由此构建了中国与东盟之间全方位的旅游互动模式。

中国与东盟国家之间在旅游资源结构、旅游经济结构、空间地理距离、政治关系稳定性、经济发展水平、经济联系强度、社会文化渊源等特征方面存在着一定的差异性，在中国—东盟旅游互动过程中，可根据上述特征的差异，在中国与东盟之间构建多元化互动模式。由前述的分析可知，首先，中国与东盟各国的经济发展水平差异明显。不同的经济水平对各国旅游系统的开发建设、客源市场消费水平等产生显著影响，其中，新加坡、文莱属于高收入国家，中国、马来西亚和泰国属于中高等收入国家，印度尼西亚、菲律

① 《中国—东盟合作成型“三位一体”打造命运共同体》，http：//www. cafta. org. cn/show. php?contentid =73840，2014 年。

宾、越南、老挝属于中低等收入国家，柬埔寨、缅甸属于低收入国家。其次，各国旅游竞争力水平存在差异。前述对中国、新加坡、马来西亚、泰国、印度尼西亚、菲律宾和越南的旅游竞争力进行了定量分析并划分竞争格局，虽缺乏文莱、老挝、柬埔寨、缅甸的数据，但根据文莱、老挝、柬埔寨、缅甸的经济发展水平和旅游业发展水平的现实进行推断，仍可大致判断这四个国家的旅游竞争力水平，据此推断出中国与东盟十国的旅游竞争格局：中国和新加坡属于竞争力强的领先国家，马来西亚、泰国和文莱为中等竞争水平国家，印度尼西亚、菲律宾、越南、老挝、柬埔寨和缅甸属于竞争力较弱的后发国家。再次，中国与东盟国家在以输送客源为表征的互动关系上，密切程度也不一。根据历年的数据资料统计，中国与马来西亚、越南、新加坡、泰国、印度尼西亚、菲律宾相互为旅游客源地和目的地的联系更加密切，而文莱、柬埔寨、缅甸和老挝向中国输送客源较少，中国是这些国家的客源国。最后，考虑地理毗邻性，中国与越南、缅甸、老挝接壤，具有开发边境旅游的传统和优势。

综上分析，各种因素综合作用导致中国与东盟各国的旅游互动联系程度不同，可以根据旅游服务贸易依存度水平确定我国与东盟国家的旅游互动模式。在自贸区框架下，旅游服务贸易是中国与东盟国家互动的重要内容，中国与东盟各国都存在旅游服务贸易依存，把中国与东盟国家的旅游互动分为两个层次的模式：第一层次，高依存度旅游互动模式，包括新加坡、泰国、马来西亚、越南和印度尼西亚。中国与这些国家旅游贸易互动密切且频繁，表现为相互成为主要旅游客源地和旅游目的地。中国与这些国家除了互换市场外，还可以依托旅游资源特色共同开发旅游资源和联合设计开辟旅游线路，联合进行旅游营销推广，相互投资，进行跨国经营。新加坡、泰国和马来西亚旅游业发展相对成熟，有着值得中国借鉴的成熟的丰富的旅游经营管理模式和经验，应既欢迎这些国家来中国投资旅游业，同时也鼓励中国旅游企业到这些国家采取合资、并购、独资等方式进行跨国经营，通过强强合作，学习经验，整合资源，实现要素协同，共同扩大市场份额，提升旅游竞争力。印度尼西亚和越南旅游资源丰富，但相对来说管理、营销水平一般，对华政策不够稳定，独资进入风险较大，因此，中国在跨国经营时可以考虑采取合资方式，既可利用对方丰富的资源，也可降低合作互动风险（秦慧和阮思阳，2007）。越南拥有与中国接壤的地理条件，历来具备开展边境旅游的传统和优势，在已获批的中越国际旅游合作区的基础上进一步把合作区落到实践层面，切实推动中越跨境旅游互动深入发展。第二层次，中依存度旅游互动模式，包括文莱、菲律宾、缅甸、柬埔寨和老挝。中国与这些国家的旅游贸易依存度水平相对第一层次而言较低，往往表现为单向的旅游客源地或旅游目的地。文莱是高收入国家，其作为海滨袖珍之国人口少，到中国旅游人数也规模不大。由于文莱产油收入高，虽拥有丰富的旅游资源，但总体来说对旅游业开发挖掘动力相对不足，且考虑宗教方面的原因，规矩多，生活习惯方面约束较多，一定程度导致其旅游产品对外的吸引力偏弱，中国前往文莱旅游的人数相对也是比较少的，故把中国与文莱的旅游互动模式列为第二层次模式。对于菲律宾，尽管中国与菲律宾在旅游客流方面表现为相互是对方重要的旅游客源地和旅游目的地，但从政治关系稳定性方面考虑，在关乎南海敏感问题方面，菲律宾是东盟诸国中与中国关系最不稳定的，南海问题加之国内一些不安定因素经常性导致旅游互动的中断，因此也把菲律宾列为第二层次模式。在这一层次模式中，与中国旅游互动的东盟国家总体经济水平落后，在互换市场方面主要表现为主次型特征，即中国输出客源，东盟国家是旅游目的地。处于第二层次模式的东盟国家旅游资源丰富，与中国旅游资源差异性明显，互补性强，同样可以依托旅游资源特色共同开发旅游资源和联合设计开辟旅游线路，联合进行旅游营销推广，在企业投资方面以中国进入这些国家实施跨国经营为主要方式。缅甸、柬埔寨和老挝等经济落后国家，旅游资源丰富，但资金、技术和经验相对缺乏落后，中国企业可考虑以并购、独资、合资等方式进入，在政策允许情况下，开展一条龙经营活动（秦慧和阮思阳，2007）。

从地理空间相互联系和演化形式考虑，旅游合作互动模式包括点—轴发展模式、单核辐射模式、双核联动模式、核心边缘模式和网络型模式。中国与东盟各国的空间地理距离、旅游发展程度以及旅游联系度均存在差异，由此中国与东盟诸国旅游互动也衍生出不同的模式。当前，中国与东盟各国的旅游互动模式可考虑的是点—轴发展模式、单核辐射模式、双核联动模式。点—轴发展模式指通过轴（交通干道）把合作互动区内有特色、知名度高的旅游资源整合起来形成中长线旅游产品。在中国与东盟旅游互动中，可依托国际通道的建设把互动区内沿线旅游区串联起来，如南宁—新加坡经济走廊即为典型的点—轴发展模式，该区域经济发展轴以铁路、公路为载体和纽带，把南宁、河内、万象（或金边）、曼谷、吉隆坡、新加坡等沿线大城市连接起来，有利于发展轴中各大城市旅游的合作互动。此外，中国与东盟旅游互动中还可依托泛亚铁路建设、“21 世纪海上丝绸之路”建设实现沿途国家旅游地的合作。单核辐射模式在区域合作互动初期较为常见，指合作区域旅游业发展状况不均衡，但区域内存在单项旅游优势，如某地旅游资源品质高或者旅游市场发育程度高，呈现出资源吸引市场或者市场指向资源的特征，则可以以该地为核心，以旅游经济联系为纽带，向内吸引旅游者或者向外扩散客源市场，形成向周边地区辐射并带动区域旅游发展的旅游合作状态。中国与缅甸、柬埔寨和老挝的旅游互动即为单核辐射模式，经济落后的缅甸、柬埔寨和老挝凭借独特旅游资源优势吸引中国旅游者，中国依托广阔的客源市场向缅甸、柬埔寨和老挝输送客源，即为单向的旅游目的地和旅游客源地。双核联动模式指合作区域内存在两个在资源条件、市场层级、旅游发展水平等方面处于较高层次的核心地区，双核心地区在资源以及区域中的地位等级相当，并且存在旅游联系，形成资源互补或市场合作或两者兼而有之的合作关系，如两个资源型的核心可通过整合资源形成互补合作效应，增强旅游吸引力共同对外吸引客源，共同对外增强旅游吸引力；资源型和市场性型核心互动合作，相互成为旅游目的地和客源地。当前，中国与新加坡、泰国、马来西亚、越南和印度尼西亚的旅游互动属于双核联动模式。随着旅游互动条件的日臻成熟与完善，中国与东盟的旅游互动也将逐渐向着核心边缘模式和网络型模式演化，最终实现合作互动区域内的无障碍、一体化互动发展。

本章构建的中国与东盟旅游互动模式如图 8 - 4 所示。由于互动侧重点不同，当前的互动模式是多元化的。在当前阶段，中国与东盟的旅游互动应由各国政府主导实施，企业参与推动互动进程，根据各国不同的特征，从地理空间联系角度考虑实施点—轴发展模式、单核辐射模式和双核联动模式，根据旅游贸易联系程度分别实施高依存度互动模式和中依存度互动模式，全方位实现双边互动模式、次区域互动模式和“10 + 1”互动模式。随着互动进程的推进，互动市场的日臻成熟，最终实现旅游一体化互动模式，在市场机制作用下，旅游企业成为互动主体，旅游要素在互动区域内无障碍多向流动，区域内旅游产业、旅游企业、旅游市场、旅游城市和地区动态关联，旅游业高度发达。

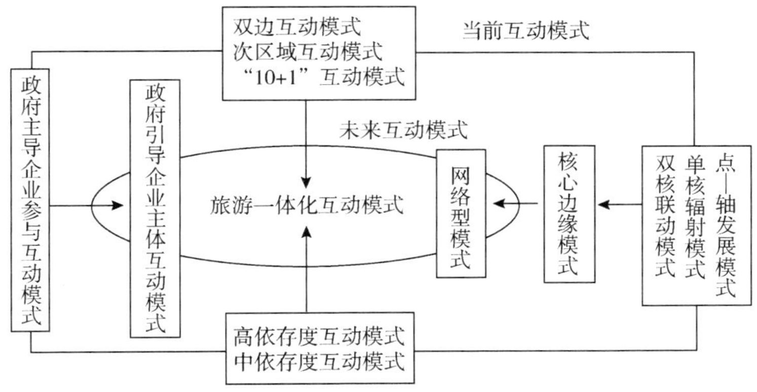

图 8－4　中国—东盟旅游互动模式构建

第七节　中国—东盟旅游服务进出口互动策略

一　以对外开放加强各国旅游合作

旅游服务进出口要求互动国家创造对外开放的国际环境，以合作姿态促进良性旅游互动。旅游服务进出口互动受国家间关系的影响非常大，国家间对外关系或者政策的风吹草动均会波及国家间的旅游互动并产生影响。因此，为了给中国—东盟旅游服务进出口互动创造良好的外部条件，中国和东盟国家应提高各国对外开放度，充分发挥政府、旅游企业、旅游者作为旅游服务进出口互动系统行为主体的主观能动性，加强旅游合作，减少摩擦，为中国与东盟旅游服务进出口互动创造有利的和平往来国际环境。中国与东盟已形成"双边""次区域""10＋1"三位一体的合作格局，其中，双边关系是中国与东盟合作互动的支柱，通过谋求与东盟国家双边关系的深化，增进互信和加强合作；通过深化大湄公河次区域和泛北部湾等次区域经济合作，实现互联互通，形成密切中国与东盟关系的利益纽带；中国与东盟“10+1”的全方位合作为促进中国与东盟关系提供广阔平台，通过与东盟建立战略伙伴关系，深化调整合作关系，在政治、安全、经济、社会、人文等领域展开全方位合作。通过“支柱”“纽带”“平台”三位一体的中国—东盟合作框架建设，为中国—东盟旅游服务进出口互动扫除制约障碍，为良性互动提供制度保障。

二 建立中国与东盟旅游互动决策协调机构

新功能主义认为，区域部门合作溢出产生的压力使一体化从技术部门逐渐扩展到政治性部门，逐步发展和深化，并最终建立制度化的区域性超国家机构（梁春媚，2009）。跨国家旅游合作的复杂性决定了当前及未来很长阶段，中国与东盟旅游互动应由政府主导，为此，在中国与东盟《服务贸易协议》框架下，建立跨国旅游互动决策协调机构对旅游互动进行制度安排，形成互动机制。旅游互动决策协调机构负责制定旅游互动各方共同遵守的旅游互动总章程、总协议，主导编制中国与东盟旅游互动发展规划，协调互动各方利益，同时在区域共同进行旅游产品开发、共同进行旅游线路设计、共同进行旅游基础设施建设、共同实现旅游互联互通、共同树立区域旅游形象和品牌、联合进行旅游营销推广、相互输送客源、共同开拓客源市场、共享旅游信息、相互培养旅游人才等方面发挥主导主体的作用。

在中国与东盟互动过程中，一旦发生谅解备忘录无法解决的争端，必须根据中国—东盟自由贸易区《争端解决协议》临时仲裁庭，通过国家交涉。目前，中国—东盟自由贸易区没有设立常设争端解决机构，此外，解决时间6个月（紧急情况为3个月），导致了旅游争端解决的拖延（朱环，2014）。应在中国与东盟旅游互动决策协调机构指导下，建立中国与东盟国家常设旅游争端解决机构，合理合法解决国家间的旅游争端，减弱国家间的旅游争端，为中国—东盟良性旅游互动创造条件。

三　积极为中国—东盟旅游良性互动创造互联互通条件

创造互联互通条件，一是要完善出入境管理政策，主要是签证便利化问题。东盟国家之间签证更为宽松，如新加坡与马来西亚、越南与柬埔寨、泰国与马来西亚和新加坡等国之间实施互免签证政策，而东盟国家对中国的签证相对严格。随着中国与东盟之间旅游互动更加密切和深入发展，更加便利的签证势在必行，中国应积极与东盟国家之间磋商协调，力争在出入境便利化方面取得突破。以中越国际旅游合作区为试验点，实施互免签证政策，在时机成熟之际，逐步推广；力争在中国—东盟自由贸易区框架内，通过力促与泰国免签政策的落实逐步实现中国与东盟之间国民对等、互免签证，真正实现旅游者客流互动无障碍。二是改善交通条件。串联国家之间的交通线路是保障互联互通的主要内容，中国与东盟各国应通力合作加强交通基础设施合作，克服阻碍交通互联互通存在的问题和障碍，力争实现交通一体化。建立区域铁路联盟，推动中南半岛泛亚铁路网建设，同时推动次区域公路、铁路、航空、水运等综合运输体系建设，以互联互通促进旅游业发展。三是提升通信设施水平。东盟国家通信基础设施总体较薄弱，难以满足旅游互动中旅游者的需求，多种渠道从政府以及各种社会资本筹集资金进行通信设施建设，满足旅游者的通信需求。建立互动区域旅游信息库，通过信息共享实现中国与东盟之间低成本快速的旅游互动行动反应，提高互动效率。

跨境自驾游是中国与东盟之间旅游互动的新趋势和新热点，为此旅游互动各方应从政府以及旅游企业方面就跨境自驾路线规划、畅通出入境手续、提供自驾配套服务等方面达成合作意向并且付诸实施。先从中越边境跨境自驾游起步，2014 年 4 月，中国广西防城港市与越南广宁省就共同开通自驾游达成合作意向，随着中国与东盟互联互通条件的日臻成熟完善，可进一步把跨境自驾游拓展到整个中国与东盟旅游合作互动区域。

四　加大中国—东盟营销推广活动

加大在彼此旅游市场的营销推广，同时作为一个整体对外宣传推广。了解旅游目的地是旅游者进行旅游活动决策的第一步，提高旅游者对旅游目的地的认知水平对提升旅游吸引力至关重要，关键是做好营销推广工作。要结合自身旅游特色和发展趋势的诉求树立鲜明的旅游形象，不只中国和东盟每个国家都拥有旅游形象，同时还要把东盟作为一个整体，甚至把中国与东盟联合起来作为一个大整体对外形成统一鲜明的形象以加强旅游认知。除了传统的旅游交易会、旅游博览会、市场推广活动等营销方式外，要积极创新营销方式，对中国与东盟各国的旅游产品进行整合营销以提升旅游产品吸引力。除了运用电视、广播、报纸、杂志等传统媒介进行营销外，还需与时俱进利用诸如网站、社交网络、微博、微信、短视频等新媒体对中国和东盟国家丰富多彩的旅游资源、旅游项目和旅游活动进行推广宣传，在政府主导下，运用市场化方式多渠道向旅游者传递旅游信息，加强旅游认知。

五　以文化交流方式推动中国—东盟旅游深入互动

文化和旅游活动相伴相生，旅游过程也即主客文化碰撞的过程。若主客之间，尤其是旅游者对目的地文化不了解，对文化理解偏差往往容易导致旅游主客矛盾和冲突。而跨国旅游中相异的文化更容易激发旅游主客的矛盾和冲突，导致旅游活动质量的下降。文化是一个国家、一个民族个性特征和独特魅力的集中表现，充分体现一个民族和人民的精神品格、性格以及独到的创造力，文化最容易深入人心，消融人民心中的误解和相互的不理解（杨福泉，2010）。避免跨国旅游互动相异文化引起的旅游冲突的有效方式在于加强互动各国文化交流。文化交流是推动国家与国家之间、民族与民族之间进行深入了解、交流与合作的重要因素（杨福泉，2010）。2005 年，中国与东盟在泰国曼谷签署了《中华人民共和国政府和东南亚国家联盟成员国政府文化合作谅解备忘录》，表明了中国与东盟文化交流合作的重要性，也标志着中国与东盟拉开实质性文化交流的序幕。以文化交流的方式推动中国—东盟旅游互动顺畅进行可从以下几方面进行：一是中国与东盟举办文化艺术节。通过中国与东盟各国文化艺术家表演、文化艺术产品展示销售、民众（包括旅游者）参与的体验式节庆充分展示中国与东盟各国独具魅力的民俗文化、特色艺术。二是借助中国—东盟博览会等会展作为展示中国与东盟文化的平台。三是加强中国与东盟各国文化学术交流，以文化研讨会、文化论坛等形式研究各国文化保护、传承、交流，以对中国与东盟更好进行文化交流提供理论指导。四是对中国与东盟各国民众进行跨国旅游文化交流教育，尤其注重各国习俗和禁忌的了解和教育，只有对他国的习俗和禁忌有充分的了解，才能在旅游过程中真正做到尊重他国的文化，消除文化冲突引起的旅游冲突，确实实现旅游互动良性进行。

六 以优质服务提升旅游互动的吸引力

在旅游者越来越强调旅游体验的背景下，优质服务成为提升旅游者满意度的关键，旅游者对旅游地越满意，旅游地的吸引力越强。在中国—东盟旅游互动中，除了以独具魅力的旅游资源吸引旅游者外，更应强调通过优质服务提升旅游互动的吸引力。提高旅游服务质量，主要从以下几方面着手。

一是中国与东盟之间相互借鉴学习优秀的旅游服务管理经验。泰国、新加坡、马来西亚旅游服务业发达，尤其酒店服务水准享誉全球，这些国家的服务管理经验可供中国以及其他东盟国家借鉴。

二是相互输送培养旅游服务管理人才。旅游服务质量的提升归根结底取决于人的素质，旅游从业人员素质的提升在于拥有一批高质量的旅游服务管理人才。在发展旅游业的过程中，中国与东盟都培养有业务水平高、综合素质强的旅游服务管理人才，可通过合作、交流和培训的方式，相互输送培养旅游服务管理人才。随着中国与东盟旅游互动的深入开展，国际旅游服务管理人才的培养应是多方面的。首先是跨国语言的学习和培训，在东盟国家要有熟练的汉语旅游人才，而在中国也要培养熟练东盟国家语言的旅游人才；其次是中国与东盟各国文化的学习；最后是国际先进服务管理理论知识和实践的学习。

三是建立中国—东盟国际旅游联合投诉处理中心（秦慧和阮思阳，2007）。在旅游过程中因旅游者权益受损而进行的旅游投诉得不到有效解决往往是旅游者满意度降低的重要因素，妥善处理旅游者投诉是旅游优质服务表现的重要一环。国际旅游和国内旅游相比，跨国的特性往往使得旅游者的投诉成本高，投诉结果处理差强人意。为此，在中国—东盟旅游互动中，应由各国政府出面主导，联手建立中国—东盟国际旅游联合投诉中心，形成联动机制，快速处理国际旅游互动中的旅游者投诉，保障旅游者合法权益，以优质投诉处理服务提升旅游者旅游信心和满意度进而提升旅游互动吸引力。

七　多渠道筹集资金改善旅游互动环境

中国—东盟旅游互动中各项工作的开展需要强大的资金投入支持，各国应加大投入为旅游互动创造有利的环境，然而该互动区域国家普遍经济发展水平较低，政府难以供足够财力进行旅游互动开发，影响了旅游互动的顺利进行，为此，除了各国大力发展经济以支持旅游互动外，更应多渠道、全方位筹措资金进行旅游资源开发、旅游基础设施建设、旅游交通设施建设、旅游营销推广、旅游人才培养等各项互动工作；继续发挥亚洲开发银行等国际机构对中国—东盟旅游互动开发的支持，拓展筹资渠道，鼓励合作区内外多种资金促进旅游互动；积极灵活利用东盟基础设施基金。东盟基础设施基金由东盟十国以及亚洲开发银行共同出资，其资金主要用于支持东盟国家的基础设施建设。当前，东盟一些主要国家的基础设施仍然落后，严重制约了旅游业发展，这些国家应积极申请得到东盟基础设施基金的资金支持，用于国内基础设施建设，改善提升基础设施水平。

八　加强互动各国旅游系统建设

各国旅游系统是互动产生的动力源泉，只有提升互动各国旅游吸引力，才能更好推动旅游互动进行。加强中国与东盟互动各国旅游系统建设可从以下几方面进行。

首先，充分挖掘旅游资源优势，高度重视旅游业的产业地位。旅游业的发展以旅游资源为基础和依托，政府和企业是否进行旅游开发，旅游目的地能否吸引旅游者，根本取决于旅游资源的吸引力，因此旅游贸易互动首先要充分挖掘各国旅游资源优势。中国、马来西亚、泰国和印度尼西亚旅游资源优势显著，旅游产品知名度高，在今后发展中应对旅游资源深度开发，走品牌化、精品化路线。而越南、菲律宾、新加坡、老挝、柬埔寨、缅甸和文莱的旅游资源稍逊一筹，或如越南、菲律宾、老挝、柬埔寨和缅甸的旅游业起步较晚，资源开发处于初级阶段，抑或像新加坡缺乏传统优势旅游资源，因此，应加大旅游开发广度和深度，或独辟蹊径开发建设不依托传统资源的新型特色旅游产品。旅游业可以发挥强大的经济、文化、社会综合功能，各国政府应高度重视旅游业的产业地位，优先重点发展旅游业，为旅游业发展提供政策制度保障。

其次，加大旅游建设投入，改善旅游支持性设施，优化旅游发展环境。在各国投入的各种旅游支持性要素中，除了新加坡具有明显优势，其他各国均存在竞争劣势。中国需完善路面交通设施和旅游基础设施；马来西亚和泰国也需在路面交通设施上做文章；而越南、印度尼西亚和菲律宾，尤其是老挝、柬埔寨和老挝在旅游基础设施、交通设施和通信设施等各方面对旅游活动的支持明显不足。因此，各国应加大旅游建设投入，改善旅游支持性设施，同时优化旅游发展环境，提供充足的安全保障、健康卫生服务以及良好的生态环境。

再次，有效配置资源，增强旅游竞争的价格优势。产品价格是影响旅游者决策的重要因素。在同等产品条件下，价格越低，越具有竞争优势。中国和越南均缺乏旅游价格优势，在产品可替代的条件下，易造成游客流失。因此，有效配置各种旅游资源要素，降低旅游发展成本，增强旅游竞争的价格优势，是中国和越南均需解决的问题。

最后，全力发展经济，提供旅游贸易互动的经济保障。旅游建设需要强大的经济支持，只有全力发展经济，方可为旅游业注入更多资金，提高旅游吸引力，进而引来旅游者。经济发展不只是旅游者“走进来”的助推器，也是国民“走出去”的助推器，由此才形成真正意义上的旅游者层面的“来—去”互动，才能发挥旅游贸易互动的功效。当前，中国和东盟国家中，除了新加坡、中国、文莱、泰国和马来西亚，其他国家经济实力偏弱，因此要全力发展经济，为旅游贸易互动提供经济保障。

九　关注旅游互动中的安全问题

大规模人员跨境旅游互动容易引发国家安全问题，旅游互动所引发的安全问题主要包括国际主权问题、国际恐怖主义、旅游日常安全等（许楠，2006）。旅游互动和跨境安全问题相互影响，相互制约。旅游者跨国互动会引致跨境国家安全问题，而引发的国家安全问题会导致一国出于国家安全考虑抑制旅游跨国互动，虽然跨国旅游互动不是导致国家安全的必然因素，但旅游互动中可能导致的国家安全问题必须引起旅游互动国家的足够重视，因此要加强安全方面的合作，打击国际恐怖主义活动和各种跨国犯罪活动，维护国家主权安全，保障旅游活动安全，为国际旅游互动创造良好的安全环境。

十　警惕旅游殖民问题

在旅游互动过程中，随着旅游流、信息流等源源不断从旅游客源国流向旅游目的地国家，会在一定程度上引发旅游殖民问题。美国人类学家 Dennis Nash 认为，当外来主流文化所代表的利益强加给异族社会或被异族社会采纳时，并在此基础上与东道社会不断发生建立在以不平等权势为基础上的交易，在这一交易过程中东道社会的传统文化利益有可能损失殆尽，并由此导致旅游开发中经济利益的流失和当地居民思想意识的变革，此即为“旅游殖民”。旅游殖民问题主要包括旅游经济殖民、旅游文化殖民、思想意识形态的殖民等，而且这些问题最容易发生在经济欠发达区域。在旅游殖民过程中，尤其应注意旅游文化涵化问题。当两种文化在某一时期发生碰撞时，其中一种文化通过借鉴的过程而变得多少像另一种文化，文化涵化过程开始发生。而在旅游过程中，发生的现象是旅游者往往不易从东道主那里借鉴文化，而东道国居民很容易受到外来文化影响，随着文化涵化的深入，有可能导致东道国地方传统文化发生变迁甚至消失（许楠，2006）。从旅游发展的角度思考，一个旅游目的地其本真的有特色的地方文化、民族文化是吸引旅游者并引起旅游互动的基础，一旦因为旅游者到来引致强势文化涵化，地方文化和民族文化本真性丧失，旅游就失去了发展的原动力，导致一地旅游业的萎缩。目前，中国和东盟尚有众多属于拥有独特地域文化而经济落后的地区，在发展旅游业振兴经济的同时也容易导致旅游文化涵化等旅游殖民问题，因此，发展旅游业进行旅游互动过程中需要特别警惕旅游殖民问题。

参考文献

保继刚、项怡娴、吴永莹：《北京奥运会对非举办地入境旅游的影响——以桂林阳朔为例》，《人文地理》2009 年第 2 期。

鲍洪安：《浅谈出境旅游者应具备的素质》，《北京第二外国语学院学报》1996 年第 5 期。

曹丽、刘治福：《加强中国与东盟旅游产业合作对策研究——基于当前国际背景下旅游合作在区域经济一体化中的重要性视角》，《东南亚纵横》2012 年第 10 期。

曹宁、郭舒：《城市旅游竞争力研究的理论与方法》，《社会科学家》2004 年第 3 期。

陈楠、白凯、乔光辉、朴根秀：《入境游客对中国传统文化旅游产品满意度的实证研究——以禅宗少林音乐大典为例》，《旅游学刊》2008 年第 6 期。

陈雪婷、陈才、徐淑梅：《国际区域旅游合作模式研究——以中国东北与俄、蒙毗邻地区为例》，《世界地理研究》2012 年第 3 期。

陈玉刚：《国家与超国家——欧洲一体化理论比较研究》，上海人民出版社 2001 年版。

陈志敏、朱菊华：《〈申根协定〉及欧盟共同签证政策的发展：

一体化进程中的差异化机制》，《国际观察》2010 年第 2 期。

程成、周泽奇、鲁建琪：《中国—东盟旅游流空间分异与优化策略》，《经济地理》2020 年第 9 期。

崔和瑞、赵黎明、薛庆林：《基于耗散结构理论的区域农业可持续发展系统分析》，《系统辩证学学报》2005 年第 1 期。

戴学锋、巫宁：《中国出境旅游高速增长的负面影响探析》，《旅游学刊》2006 年第 2 期。

戴学锋：《出境游支出被低估　国际游变花汇游》，《中国统计》2005 年第 2 期。

邓祖涛、尹贻梅：《我国旅游资源、区位和入境旅游收入的空间错位分析》，《旅游科学》2009 年第 3 期。

丁健、李林芳：《广州市居民的出境旅游行为》，《地理研究》2004 年第 5 期。

董小麟、庞小霞：《我国旅游服务贸易竞争力的国际比较》，《国际贸易问题》2007 年第 2 期。

冯学钢、沈虹、胡小纯：《中国旅游目的地竞争力评价及实证研究》，《华东师范大学学报》（哲学社会科学版）2009 年第 5 期。

冯学钢：《欧盟一体化及其对中国“长三角”地区旅游业联动发展的启示》，《世界经济研究》2004 年第 4 期。

葛丽芳、田纪鹏：《上海旅游服务贸易国际竞争力及其影响因素实证研究》，《财贸研究》2011 年第 1 期。

桂文林、韩兆洲：《危机事件对中国入境旅游外汇收入影响评估》，《旅游学刊》2010 年第 12 期。

郭鲁芳、张素：《中国公民出境旅游文明与软实力提升研究》，《旅游学刊》2008 年第 12 期。

郭鲁芳：《关于我国旅游业国际竞争力的思考》，《旅游科学》2000 年第 2 期。

郭明英：《我国旅游服务贸易国际竞争力比较——基于扩展引力模型的实证研究》，《调研世界》2019 年第 9 期。

郭为：《入境旅游：基于引力模型的实证研究》，《旅游学刊》2007 年第 3 期。

郭显光：《改进的熵值法及其在经济效益评价中的应用》，《系统工程理论与实践》1998 年第 12 期。

何莉环、杨清震：《“10+1”框架下中国西南民族地区与东盟的旅游合作分析》，《广西大学学报》（哲学社会科学版）2008 年第 1 期。

胡青芳、许春晓：《长沙市居民出境旅游需求的收入分异研究》，《云南地理环境研究》2009 年第 4 期。

黄爱莲：《北部湾区域旅游合作创新研究》，博士学位论文，中央民族大学，2010 年。

黄秀娟、黄福才：《基于 PCR 的区域旅游国际竞争力影响因素》，《经济地理》2007 年第 5 期。

黄秀娟：《福建省入境旅游发展状况、影响因素及存在问题》，《经济地理》2006 年第 12 期。

贾英：《中国 6 大热点城市入境旅游消费结构比较研究》，《旅游科学》2008 年第 3 期。

赖富强、刘庆：《关于建立中国—东盟无国界旅游圈的构想——兼谈服务贸易与货物贸易的同步发展》，《东南亚纵横》2004 年第 4 期。

雷平、施祖麟：《我国出境旅游发展水平的国际比较研究》，《旅游科学》2008 年第 2 期。

黎洁、韩飞：《基于可计算一般均衡模型（CGE）的江苏入境旅游需求变化对地区经济的影响分析》，《旅游学刊》2009 年第 12 期。

黎洁、赵西萍：《论国际旅游竞争力》，《商业经济与管理》1999

年第4期。

李创新、马耀峰、张佑印、高军：《中国旅游热点城市入境客流与收入时空动态演化与错位——重力模型的实证》，《经济地理》2010年第8期。

李天元：《基于入境旅游市场开发的台海两岸四地旅游合作途径》，《旅游学刊》2007年第1期。

李天元：《旅游学》，高等教育出版社2006年版。

李欣广：《广西与东盟国家的经济互动关系：前提与内容——广西与东盟经贸关系发展的一个新探索》，《学术论坛》2005年第10期。

李志刚、寇小萱：《中国和印度入境旅游发展比较》，《旅游学刊》2008年第10期。

梁春媚：《东北亚区域旅游合作基本模式与效应》，《东北财经大学学报》2009年第6期。

林炜铃、邹永广：《"一带一路"沿线旅游合作空间格局与合作机制》，《南亚研究季刊》2016年第2期。

刘丽莉：《出境游中不文明行为的内在文化机理分析及其管理策略的认知》，《桂林旅游高等专科学校学报》2007年第5期。

刘敏：《社会学视角下中国公民出境旅游的文化价值——对旅游社会文化影响的案例研究》，《旅游学刊》2009年第12期。

刘庆：《中国与东盟旅游服务贸易竞争力测评与提升路径》，《经济问题》2019年第11期。

刘颖：《论一体化进程研究中的"奈模型"》，《新疆社科论坛》2005年第3期。

罗明义：《构建中国—南亚旅游圈　促进中国与南亚的旅游合作与发展》，《经济问题探索》2008年第1期。

罗明义：《旅游服务贸易：中国——东盟自由贸易区建设的先

导》,《云南师范大学学报》2004 年第 1 期。

马波、寇敏:《中国出境旅游发展及其影响的初步研究》,《旅游学刊》2006 年第 7 期。

马波:《旅游业的转型与区域旅游合作——兼论中、日、韩旅游合作的推进》,《旅游学刊》2007 年第 5 期。

马秋芳、杨新军、康俊香:《传统旅游城市入境游客满意度评价及其期望—感知特征差异分析——以西安欧美游客为例》,《旅游学刊》2006 年第 2 期。

马耀峰、李永军:《中国入境后旅游流的空间分布研究》,《人文地理》2001 年第 6 期。

那铭洋:《旅游产业的金融支持模式探析》,《吉林工商学院学报》2012 年第 3 期。

欧阳峣、陈修谦:《"两型社会"建设体制机制创新的系统动力学分析——以长株潭城市群为例》,《国家行政学院学报》2009 年第 6 期。

庞闻、马耀峰、唐仲霞:《旅游经济与生态环境耦合关系及协调发展研究——以西安市为例》,《西北大学学报》(自然科学版)2011 年第 6 期。

齐善鸿、焦彦、杨钟红:《我国出境旅游者不文明行为改变的策略研究》,《人文地理》2009 年第 5 期。

齐子鹏、张彪、陈梅:《经济增长方式的另一种选择:生态旅游实践》,《管理世界》2008 年第 10 期。

秦慧、阮思阳:《中国—东盟旅游合作研究》,《桂林旅游高等专科学校学报》2007 年第 4 期。

秦学:《论区域旅游合作模式的变化及其创新发展——以"泛珠三角"和"大珠三角"为例》,《云南民族大学学报》(哲学社会科学版)2006 年第 1 期。

沈小峰、胡岗、姜璐：《耗散结构论》，上海人民出版社 1987 年版。

生延超：《国外居民旅游需求对中国入境旅游贸易增长的影响研究》，《江西财经大学学报》2006 年第 4 期。

宋子千：《对区域旅游合作研究几个基本问题的讨论》，《旅游学刊》2008 年第 6 期。

粟路军、黄福才：《城乡旅游互动发展及其机理与实现路径研究》，《旅游研究》2010 年第 4 期。

孙根年、冯茂娥：《西部入境旅游市场竞争态与资源区位的关系》，《西北大学学报》（自然科学版）2003 年第 4 期。

孙洁、冯学钢：《欧盟旅游业一体化发展的框架与策略》，《北京第二外国语学院学报》2004 年第 3 期。

孙巍：《中国—东盟区域旅游合作研究》，硕士学位论文，厦门大学，2008 年。

唐静：《生态旅游经济异化的生态反思》，《中国人口 · 资源与环境》2009 年第 1 期。

万绪才、钟静、张钟方、赵君：《国际旅游竞争力影响因素研究》，《南京财经大学学报》2010 年第 2 期。

汪德根：《我国各省份国际旅游竞争力比较研究》，《经济管理》2004 年第 21 期。

汪德林：《苏州国际旅游客源市场时空变化特征研究》，《地理与地理信息科学》2006 年第 2 期。

王俊峰、柴恒炜：《建立合肥旅游协作圈的耗散结构观分析》，《价值工程》2007 年第 12 期。

王力峰：《桂林国际客源市场时空演替规律研究》，《经济地理》2004 年第 5 期。

王素洁、齐善鸿：《消费主义与中国公民出境旅游高消费行为探析》,《旅游学刊》2005 年第 6 期。

王新越、司武兴:《21 世纪海上丝绸之路国家旅游合作研究》,《中国海洋大学学报》(社会科学版)2016 年第 2 期。

王兴斌:《欧盟区域旅游一体化的启示》,《中国旅游报》2014 年 1 月 3 日第 6 版。

王艳梅、明庆忠:《欧盟跨境旅游发展经验与启示》,《学术探索》2018 年第 4 期。

王跃伟、肖升、陈航:《基于目的地吸引条件的辽宁省入境旅游驱动机制研究》,《人文地理》2009 年第 3 期。

王铮、袁宇杰、熊文:《重大事件对上海市入境旅游需求的影响——基于 ADL 模型的分析》,《旅游学刊》2010 年第 4 期。

魏颖、马耀峰、高军:《基于负熵及耗散结构理论的中国入境旅游流研究——以长三角地区和西部三大典型区为例》,《旅游论坛》2010 年第 6 期。

温秀:《区域旅游合作主体行为与合作路径研究》,博士学位论文,西北大学,2010 年。

吴江华、葛兆帅、杨达源:《基于人工神经网络的国际入境旅游需求的定量分析与预测——以日本对香港的国际旅游需求分析为例》,《旅游学刊》2002 年第 3 期。

吴军:《中国区域旅游合作时空演化特征分析》,《旅游学刊》2007 年第 8 期。

吴忠才:《中国入境旅游对经济增长拉动作用的定量研究》,《北京第二外国语学院学报》(旅游版)2007 年第 9 期。

熊珍琴、汤金丽、洪秀丽:《中美两国旅游服务贸易国际竞争力比较研究》,《亚太经济》2019 年第 5 期。

徐淑梅、王烨、崔磊:《中国“四极”区域旅游合作发展模式研究》,《世界地理研究》2011 年第 2 期。

许楠：《中国—东盟旅游服务贸易合作发展策略研究》，硕士学位论文，东北师范大学，2006 年。

严恒元：《旅游业能否成为欧盟经济强心剂》，《经济日报》2012 年 1 月 14 日第 7 版。

杨春宇：《旅游目的地客源市场预测模型新探索——以中国入境旅游为例》，《山西财经大学学报》2009 年第 4 期。

杨福泉：《以文化学术交流促进中国与东盟的旅游深度合作——从一些实例看学术文化交流与促进东盟旅游发展之间的关系》，《云南社会科学》2010 年第 6 期。

杨复兴、舒海：《旅游金融的发展思考》，《旅游研究》2012 年第 3 期。

杨军：《中国出境旅游“双高”格局与政策取向辨析——兼与戴学锋、巫宁同志商榷》，《旅游学刊》2006 年第 6 期。

杨荣斌、郑建瑜、程金龙：《区域旅游合作结构模式研究》，《地理与地理信息科学》2005 年第 5 期。

杨森林、多纳尔 · A. 迪宁：《欧盟旅游业的政策基础及目标》，《旅游学刊》1995 年第 5 期。

杨森林：《“乌拉圭回合”与发展中国家队旅游服务贸易》，《经济管理》1993 年第 6 期。

姚梦汝、陈焱明、周桢津、傅腾宇、李满春：《中国—东盟旅游流网络结构特征与重心轨迹演变》，《经济地理》2018 年第 7 期。

叶春明、赵宇华：《中国旅游产业发展中的金融支持研究》，《金融理论与实践》2009 年第 10 期。

叶莉、陈修谦：《雾霾对我国入境旅游的影响：游客风险感知异质性视角》，《广东财经大学学报》2020 年第 4 期。

臧德霞：《基于因子分析的旅游目的地竞争力评价指标体系研究》，《北京第二外国语学院学报》2009 年第 9 期。

张广瑞:《中、俄、蒙三国旅游合作的意义、条件与方略》,《俄罗斯中亚东欧市场》2006 年第 10 期。

张广瑞:《中国出境旅游热的冷静思考——关于中国出境旅游发展政策的辨析》,《财贸经济》2005 年第 7 期。

张广宇、沈兴菊、刘韫:《丝绸之路经济带建设背景下的国际区域旅游合作研究》,《四川师范大学学报》(社会科学版)2015 年第 42 期。

张广宇、沈兴菊、刘韫:《丝绸之路经济带建设背景下的国际区域旅游合作研究》,《四川师范大学学报》(社会科学版)2015 年第 3 期。

张凌云、杨晨:《从创汇优先到平衡收支:我国出境旅游发展战略的再认识——兼与戴学锋先生商榷》,《旅游学刊》2007 年第 6 期。

张明东、陆玉麒:《山东省入境旅游经济差异及经济增长刺激效应》,《南京师大学报》(自然科学版)2010 年第 2 期。

张述林、姜辽、高鑫:《耗散结构理论在跨县域旅游规划中的应用》,《重庆师范大学学报》(自然科学版)2008 年第 2 期。

张妍、杨志峰、何孟常、胡廷兰:《基于信息熵的城市生态系统演化分析》,《环境科学学报》2005 年第 8 期。

赵东喜:《中国省际入境旅游发展影响因素研究——基于分省面板数据分析》,《旅游学刊》2008 年第 1 期。

赵磊、张皖婷:《耗散结构理论在旅游系统承受阈中的应用研究——基于旅游系统熵原理视角》,《旅游论坛》2010 年第 1 期。

赵书华、李辉:《全球旅游服务贸易 9 强的国际竞争力的定量分析》,《世界经济研究》2005 年第 8 期。

周彩屏:《基于 SSM 方法的入境旅游市场客源结构分析——以浙江省为例》,《旅游学刊》2008 年第 1 期。

朱红兵、冯翔：《长三角区域旅游合作发展模式分类及评价研究》，《地理与地理信息科学》2014 年第 3 期。

朱环：《“丝绸之路经济带”发展对策——基于中国—东盟无障碍旅游区构建视野》，《开发研究》2014 年第 3 期。

朱一鸣：《欧盟旅游业一体化发展模式对我国长三角地区的启示》，《对外经贸》2013 年第 4 期。

朱应皋、万绪才：《全球旅游 11 强（国）旅游业国际竞争力综合评价》，《地理与地理信息科学》2004 年第 5 期。

Ahn, B. Y., Lee, B. K., Shafer, C. S., "Operationalizing Sustainability in Regional Tourism Planning: An Application of the Limits of Acceptable Change Framework", *Tourism Management*, Vol. 23, No. 1, 2002.

Anastasiadou, C., Sausmarez, N. D., "The Role of Regional Trading Blocs in the Development and Management of Tourism: An Analysis of the European Union and the Association of Southeast Asian Nations", *International Journal of Tourism Research*, No. 8, 2006.

Angelkova, T., Koteski, C., Jakovlev, Z., et al., "Sustainability and Competitiveness of Tourism", *Procedia-Social and Behavioral Sciences*, Vol. 44, 2012.

Beritelli, P., "Cooperation among Prominent Actors in a Tourist Destination", *Annals of Tourism Research*, Vol. 38, No. 2, 2011.

Chirathivat, S., "ASEAN-India Cooperation in Trade and Tourism: Trends and Prospects", *Journal of Asian Economics*, Vol. 7, No. 4, 1996.

Cracolici, M. F., Nijkamp, P., "The Attractiveness and Competitiveness of Tourist Destinations: A Study of Southern Italian Regions", *Tourism Management*, Vol. 30, No. 3, 2009.

Cracolici, M. F., Nijkamp, P., Rietveld, P., "Assessment of

Tourism Competitiveness by Analysing Destination Efficiency", *Tourism Economics*, No. 14, 2008.

Croitoru, M., "Tourism Competitiveness Index: An Empirical Analysis Romania vs. Bulgaria", *Theoretical and Applied Economics*, No. 9, 2011.

Czemek, K., "Determinants of Cooperation in a Tourist Region", *Annals of Tourism Research*, Vol. 40, No. 1, 2013.

De Araujo, L. M., Bramwell, B., "Partnership and Regional Tourism in Brazil", *Annals of Tourism Research*, Vol. 29, No. 4, 2002.

Dwyer, L., Kim, C., "Destination Competitiveness: Determinants and Indicators", *Current Issues in Tourism*, Vol. 6, No. 5, 2003.

Eadington, W. R., Redman, M., "Economics and Tourism", *Annals of Tourism Research*, Vol. 18, No. 1, 1991.

Forrster, J. W., "Industrial Dynamics: A Major Break through for Decision Makers", *Harvard Business Review*, Vol. 36, No. 4, 1958.

Ghimire, K. B., "Regional Tourism and South-South Economic Cooperation", *The Geographical Journal*, Vol. 167, No. 2, 2001.

Greer, J., "Developing Trans-Jurisdictional Tourism Partnerships—Insights from the Island of Ireland", *Tourism Management*, Vol. 23, No. 4, 2002.

Hallmann, K., Müller, S., Feiler, S., et al., "Suppliers' Perception of Destination Competitiveness in a Winter Sport Resort", *Tourism Review*, Vol. 6, No. 2, 2012.

Holder, J. S., "The Need for Public-Private Sector Cooperation in Tourism", *Tourism Management*, Vol. 13, No. 2, 1992.

Jackson, J., "Developing Regional Tourism in China: The Potential for Activating Business Clusters in a Socialist Market Economy",

Tourism Management, Vol. 27, No. 4, 2006.

Meriläinen, K., Lemmetyinen, A., "Destination Network Management: A Conceptual Analysis", *Tourism Review*, Vol. 66, No. 3, 2011.

Prideaux, B., "The Role of the Transport System in Destination Development", *Tourism Management*, No. 1, 2000.

Ritchie, J. R. B., Crouch, G. I.:《旅游目的地竞争力管理》，南开大学出版社 2006 年版。

Sadi, M. A., Bartels, F. L., "The Rise of Malaysia's Tourism Industry: Implications for Singapore", *The Cornell Hotel and Restaurant Administration Quarterly*, Vol. 38, No. 5, 1997.

Sauermann, H., "General Aspects of Competition and Cooperation in Tourism", *Tourism Review*, No. 2, 1956.

Šavrina, B., Grundey, D., Běrzina, K., "Cooperation of Sustainable Tourism Industry in Latvia", *Technological and Economic Development*, Vol. 14, No. 2, 2008.

Saxena, G., "Relationships, Networks and the Learning Regions: Case Evidence from the Peak District National Park", *Tourism Management*, Vol. 26, No. 2, 2005.

Selin, S., Beason, K., "Interorganizational Relations in tourism", *Annals of Tourism Research*, Vol. 18, No. 4, 1991.

Sonmez, S. F., Apostolopoulos, Y., "Conflict Resolution through Tourism Cooperation? The Case of the Partitioned Island-State of Cyprus", *Journal of Travel & Tourism Marketing*, Vol. 9, No. 3, 2000.

Teye, V. B., "Prospects for Regional Tourism Cooperation in Africa", *Tourism Management*, Vol. 9, No. 3, 1988.

Vodeb, K., "Competition in Tourism in Terms of Changing Environment", *Procedia-Social and Behavioral Sciences*, Vol. 44, No. 11, 2012.

Yasin, M., Alavi, J., Koubida, S., et al., "An Assessment of the Competitiveness of the Moroccan Tourism Industry: Benchmarking Implications", *Benchmarking*, Vol. 18, No. 1, 2011.